ATTACCHI DI PANICO PER ADOLESCENTI

Esercizi Pratici per Controllare gli Attacchi di Panico e Rompere il Ciclo di Paura, Preoccupazione e Ansia

Mattia Ponzo

DISCLAIMER

Questo libro non intende sostituire il consiglio medico.

Il lettore dovrebbe consultare regolarmente un medico per questioni relative alla sua salute e, in particolare per qualsiasi sintomo che possa richiedere diagnosi o cure mediche.

Le informazioni fornite in questo libro, sono solo a scopo informativo generale. Sebbene cerchiamo di mantenere le informazioni aggiornate e corrette, non ci sono dichiarazioni o garanzie, espresse o implicite, sulla completezza, accuratezza, affidabilità, idoneità o disponibilità riguardanti le informazioni, i prodotti, i servizi o la grafica correlata, contenuti in questo libro per qualsivoglia scopo. Qualsiasi utilizzo di queste informazioni è a proprio rischio. I metodi descritti in questo libro, sono i pensieri dell'autore.

Non intendono essere una serie definitiva di istruzioni per questo progetto. Potresti scoprire che ci sono altri metodi e materiali per ottenere lo stesso risultato.

INDICE

1 PANICO PER PRINCIPIANTI

Ora che inizi questo percorso per superare il panico, è importante innanzitutto capire se stai effettivamente avendo degli attacchi di panico, se soffri di disturbo da attacchi di panico e se abbia o meno senso chiedere un aiuto professionale oltre a leggere questo libro. Questa attività ti aiuterà a rispondere a tutte queste domande.

Da sapere

L'attacco di panico consiste in un lasso di tempo di intensa paura che si verifica improvvisamente e in modo inaspettato. Durante un attacco di panico, potresti provare una qualsiasi combinazione delle seguenti sensazioni:

- Una sensazione di immediato pericolo o tragedia
- Un intenso bisogno di scappare
- Palpitazioni cardiache
- Sudorazione
- Tremore
- Mancanza di respiro o sensazione asfissiante
- Una sensazione di soffocamento
- Dolore o fastidio al petto
- Nausea o dolore addominale
- Vertigini o giramenti di testa
- La sensazione che ciò che ti circonda non sia reale
- Senso di distacco dalla realtà
- La paura di perdere il controllo o di stare diventando pazzi
- Paura di morire
- Formicolio
- Brividi o vampate di calore

Da fare

Innanzitutto, vediamo di determinare se hai mai avuto o meno un attacco di panico.

Hai mai avuto un'improvvisa insorgenza di intensa paura?

Sì | No

Se sì, quali sintomi hai riscontrato?

- Una sensazione di immediato pericolo o tragedia
- Un intenso bisogno di scappare
- Palpitazioni cardiache
- Sudorazione
- Tremore
- Mancanza di respiro o nodo alla gola
- Una sensazione di soffocamento
- Dolore o fastidio al petto
- Nausea o dolore addominale
- Vertigini o giramenti di testa
- La sensazione che ciò che ti circonda non sia reale
- Senso di distacco dalla realtà
- La paura di perdere il controllo o di stare diventando pazzi
- Paura di morire
- Formicolio
- Brividi o vampate di calore

Ne hai cerchiati almeno quattro?

Sì | No

Se no, potresti non aver vissuto un vero e proprio attacco di panico, ma ciò non significa che esso non si stia manifestando in qualche forma e che non beneficerai dalle attività di questo libro.

Se sì, gli attacchi di panico ti capitano mai senza alcun segnale esterno che indichi che uno di questi stia per accadere? Per esempio, è all'apparenza inaspettato e senza alcuna spiegazione razionale?

Sì | No

Se sì, hai probabilmente vissuto almeno un attacco di panico inaspettato. Se no, hai probabilmente vissuto un attacco di panico prevedibile.

Quindi vediamo di determinare se hai mai avuto o meno un attacco di panico. Il sintomo principale del disturbo da attacchi di panico è l'estrema paura di vivere il panico futuro così come l'evasione da tutte le attività che potrebbero arrecare panico. In altre parole, il disturbo da attacchi di panico comporta il farsi prendere dal panico per il panico e il sentirsi ansiosi per le sensazioni di ansia.

Ti capita di vivere degli attacchi di panico persistenti e solitamente imprevisti?

Sì | No

Se sì, hai una costante paura per attacchi futuri o eviti di svolgere importanti attività di vita quotidiana per limitare i sintomi del panico?

Sì | No

Se sì, la paura o i cambiamenti di comportamento si sono presentati almeno per un mese?

Sì | No

Se hai risposto di sì a queste tre domande, soffri probabilmente del disturbo da attacchi di panico.

Valutazione sintetica

Per le seguenti domande, dai una risposta da 0 a 10 (0 equivale a per niente, 10 equivale al massimo):

Nell'ultima settimana, quanto ti hanno fatto sentire a disagio le sensazioni del panico? ________

Quanta angoscia provi riguardo ai sintomi del panico? ________

Fino a che punto cerchi di evitare attività e altri aspetti della vita per prevenire il panico? _________

Come valuteresti la tua soddisfazione complessiva della vita? _________

Da fare

La tua sicurezza è sempre la massima priorità. Per determinare se dovresti o meno cercare aiuto professionale oltre all'auto-sostegno, rispondi sì o no alle seguenti domande.

Hai consultato un medico per escludere cause mediche relative ai tuoi sintomi?

Sì | No

Se non hai riportato i tuoi sintomi a un medico, ti consiglio di parlare di quello che stai vivendo con un medico prima di procedere con questo libro. È sempre bene ricevere chiarimenti da un dottore prima di procedere con un'iniziativa di auto-sostegno.

Pensi che i tuoi sintomi causino un livello da medio ad alto di disagio? (È almeno un'area della tua vita - sociale, scuola, lavoro e così via - attualmente ad un livello medio di difficoltà?)

Sì | No

Provi il desiderio di assumere dei comportamenti autolesionistici come tagliarti?

Sì | No

Hai pensieri suicidi costanti?

Sì | No

Fai uso di droghe o alcol per affrontare emozioni negative?

Sì | No

Provi moderate o frequenti sensazioni di disperazione?

Sì | No

Se hai risposto sì a una qualsiasi delle domande di cui sopra, si raccomanda di cercare aiuto professionale. Puoi trovare aiuto professionale chiedendo il parere di un amico, un membro della famiglia, un medico o tramite un'organizzazione di fiducia.

A prescindere dalle tue risposte a queste domande, l'ansia ti ha messo abbastanza a disagio da prendere questo libro. Anche se non soddisfi i criteri del disturbo da attacchi di panico, non devi sentirti oppresso dal panico e dall'ansia. Tutti hanno il diritto di assumere il controllo della propria ansia. Complimenti a te per aver fatto il primo passo in avanti per superare il panico!

2 LEGGERE DI PANICO MI FA VENIRE IL PANICO

Se leggere di panico ti fa sentire nel panico, non sei il solo. È estremamente comune per coloro che combattono con l'ansia evitare di chiedere aiuto, perché hanno troppo paura di ammettere di essere in difficoltà. Leggendo di ansia e panico, stai effettivamente facendo il primo passo per superarli, affrontando direttamente ciò di cui hai paura.

Da sapere

Questo eserciziario tratterà differenti esercizi basati sull'esposizione con cui puoi cimentarti per ridurre il ruolo del panico nella tua vita. In effetti, ti stai impegnando nella tua prima esposizione in questo esatto momento. Leggendo di PANICO PANICO PANICO PANICO PANICO, stai allenando il tuo cervello a rilassarsi e a non spaventarsi così tanto per il PANICO PANICO PANICO PANICO PANICO. È soltanto una parola di sei lettere. Non può farti del male. Sei sano e salvo, anche se te ne stai qui seduto a leggere e pensare al PANICO PANICO PANICO PANICO PANICO.

Da fare

Tira fuori il tuo timer. Per i prossimi due minuti hai il permesso di pensare a qualsiasi cosa tu voglia tranne che a un elefante rosa. In ogni caso, se la tua mente ti presenta qualcosa che ha a che fare con un elefante rosa, fai un segno sulla pagina. Tieni traccia del numero di intrusioni che si verificano nel periodo di due minuti.

Come sei andato? Sei riuscito ad evitare di pensare agli elefanti rosa per due minuti? Molto probabilmente no. Questo perché più ti dici di non pensare a qualcosa, più quella cosa ti verrà in mente. Per questo, più dici a te stesso che è possibile evitare tutto ciò che è legato al panico o all'ansia, più ti capiterà di pensare al panico e all'ansia. Anche se ci riesci per un po', i pensieri ritorneranno sempre e saranno più forti ad ogni tentativo di evasione.

Altro da fare

Ogni giorno, esponi te stesso a poche parole associate all'ansia. Invece di evitarle, continua a guardare le parole e a tenere traccia del tuo livello di ansia. Vedi quanto tempo ti ci vuole per diminuirlo della metà. Inizia scrivendo poche parole che ti rendono ansioso a guardale continuamente. Nota se il tuo livello di ansia diminuisce nel tempo. Dopo aver letto le parole con successo, prova a pronunciare ad alta voce delle parole associate ai sintomi dell'ansia e del panico.

3 IL CORPO NEL PANICO

È il momento di svelare il mistero dell'attacco di panico. Senza comprendere il corpo "nel panico", tutto ciò che sai è che il tuo corpo e la tua mente si sentono completamente fuori posto e qualcosa sembra terribilmente sbagliato. Uno dei passi più liberatori per superare il panico, è quello di mettere il tuo cappello da scienziato e imparare qualcosa sulla sua fisiologia.

Da sapere

Tutte le sgradevoli sensazioni del panico hanno in realtà lo scopo vitale di proteggerti da una minaccia imminente.

Sensazione di Panico	Perché il mio corpo si sente in questo modo?
Sentirsi storditi e disconnessi dalla realtà	Queste sensazioni sono dovute all'iperventilazione. Quando messo di fronte ad una minaccia immaginaria, il corpo inizia a raccogliere ossigeno in eccesso per potenziare i muscoli e così fuggire dal pericolo.
Mani o piedi freddi e formicolanti	Potresti sentire le mani e i piedi freddi e formicolanti, perché la circolazione del sangue viene ridirezionata dalle tue mani e dai tuoi piedi ai muscoli più importanti per la sopravvivenza, come quelli nelle braccia e nelle gambe.
Vista offuscata o disturbata	Le pupille potrebbero dilatarsi per percepire meglio il pericolo. Questo potrebbe rendere la tua vista più sensibile agli stimoli nel tuo campo visivo.
Mente annebbiata o difficoltà a concentrarsi	Ciò è dovuto alla diminuzione del flusso sanguigno alla testa e all'aumento del flusso sanguigno nei muscoli necessari per la sopravvivenza come le braccia e le gambe.
Aumento della sudorazione	La sudorazione raffredda il tuo corpo per evitare

	che si scaldi troppo. Un altro beneficio della sudorazione è il renderti scivoloso e quindi più difficile da acchiappare per un predatore furioso.
Stomaco sottosopra	Potresti sentirti un po' nauseato o avere altri sintomi relativi al mal di stomaco a causa del fatto che, il flusso sanguigno sta venendo ridirezionato dal tuo apparato digerente verso altre parti del tuo corpo. Dopotutto, non è il momento di digerire un bel pasto quando stai per essere tu il pasto di qualcun altro.
Difficoltà a respirare	Per rifornirsi per la battaglia, il corpo raccoglie ossigeno extra (iperventilazione). Raccogliere così tanto ossigeno e buttare fuori così tanta anidride carbonica può generare una sensazione soffocante.
Battito cardiaco accelerato	DI fronte al pericolo, il cuore batte più velocemente per fornire più sangue ossigenato ai tuoi organi vitali in modo da rifornirli per la battaglia.
Tremolio	Per aiutarti a scappare dal pericolo, il corpo rilascia l'ormone dell'epinefrina (anche conosciuto come adrenalina). L'adrenalina dirige il sangue ai tuoi muscoli per alimentarli in vista della battaglia. L'aumento del flusso sanguigno verso i muscoli potrebbe renderti un po' tremolante.

Da fare

Disegna il tuo corpo nel panico. Dov'è che senti il panico? Colora le aree del tuo corpo in cui le sensazioni di panico si sono presentate più spesso.

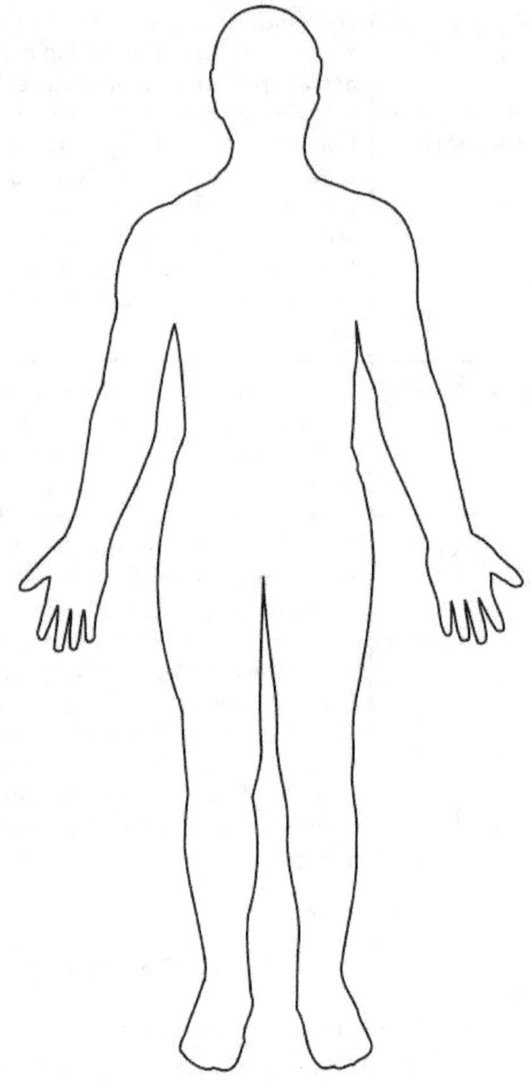

Hai mai provato le seguenti sensazioni durante un attacco di panico?

Sensazioni di Panico	Sì o No
Sentirsi storditi e disconnessi dalla realtà	

Mani o piedi freddi e formicolanti	
Vista offuscata o disturbata	
Mente annebbiata o difficoltà a concentrarsi	
Aumento della sudorazione	
Stomaco sottosopra	
Difficoltà a respirare	
Battito cardiaco accelerato	
Tremolio	
Sentire caldo o aumento della sudorazione	

Dunque, per tutte le sensazioni che hai provato, annota il livello di disagio o paura che hai vissuto quando hai sentito quella determinata sensazione. Annota anche la tua interpretazione iniziale della sensazione (ad esempio, quando hai sentito una costrizione al petto forse hai pensato "E se stessi avendo un attacco di cuore?").

Sensazioni di panico	Sì o No	Forza dell'ansia associata alla sensazione (su una scala 0-10)	Interpretazione di queste sensazioni (per esempio, "Sto avendo un infarto" o "Sto impazzendo")
Sentirsi storditi e disconnessi dalla realtà			
Mani o piedi freddi e formicolanti			
Vista offuscata o disturbata			
Mente annebbiata o difficoltà a concentrarsi			

Aumento della sudorazione			
Stomaco sottosopra			
Difficoltà a respirare			
Battito cardiaco accelerato			
Tremolio			
Sentire caldo o aumento della sudorazione			

Altro da fare

Appunta su un foglietto tutte le sensazioni di panico qui sopra a cui hai risposto di sì. Per ciascuna sensazione fisica di panico, scrivi perché il corpo si è sentito in quel modo o la spiegazione fisiologica di questa sensazione. Spiega a parole tue cosa sta causando la sensazione di panico. In che modo questa sensazione è parte di un sistema complesso, in atto per proteggerti da un pericolo imminente? La prossima volta che starai vivendo del panico, rivedi questo foglietto e ricordati perché stai provando quello che stai provando. Potresti pensare, "Ok. Ho capito. Non c'è nessun motivo per cui dovrei scriverlo quando lo capisco già." Ciò che comprendi quando stai qui seduto tranquillo a leggere questo eserciziario è ben diverso da quello che comprendi e credi sia vero quando stai avendo un attacco di panico. Fidati; questa informazione sarà molto meno accessibile quando sei in preda al panico.

4 LA CONSAPEVOLEZZA DEL CORPO

Gli individui che lottano contro il disturbo da attacchi di panico hanno la tendenza ad accorgersi del proprio corpo solo quando sta operando in piena modalità di panico. Imparare come osservare e occuparsi del tuo corpo prima dell'insorgenza di un attacco di panico è la chiave per prevenirne uno in preparazione.

La storia di Adele

Adele era così consumata dal panico che raramente notava molto altro nel suo corpo. Un giorno, Adele era seduta in classe durante la lezione di storia quando ha iniziato a provare strane sensazioni. Sentiva la sua testa stretta e formicolante come se fosse stata avvolta da una fascia. Immediatamente fu assalita dal terrore. Pensò tra sé e sé, "È così che ci si sente quando si ha un ictus?" Si scusò con la classe e andò in bagno. Decise che se stesse avendo un ictus, avrebbe preferito non averlo di fronte ai suoi compagni di classe. Mentre si trovava in bagno, si guardò allo specchio per valutare i segni di una qualche terribile malattia neurologica. Tutto quello che vide fu il suo stesso viso con una fascia davvero stretta in testa, che si dimenticò di aver indossato quella mattina.

Da fare

È il momento di conoscere il tuo corpo quando *non* è nel panico. Il tuo corpo non è semplicemente un deposito per le sensazioni del panico. C'è molto altro oltre ad esse.

Prenditi un momento per analizzare il tuo corpo alla ricerca di ogni sensazione che attiri l'attenzione. Inizia dalla parte superiore della tua testa. Rileva ogni tensione, formicolio o pesantezza. Poi, muoviti in basso verso il tuo viso, la tua bocca, il tuo naso, la tua fronte e le tue orecchie. Quindi passa alle tue spalle. Sono rialzate e strette, sono sciolte oppure qualcosa a metà strada? A questo punto esamina il tuo petto e qualsiasi pesantezza o costrizione che ci possa essere. Continua muovendoti in basso verso il tuo ventre, le tue braccia, le tue mani, la sensazione delle tue gambe a contatto con la sedia o il pavimento e, infine, i tuoi piedi. Ora nota ogni pulsione che potrebbe presentarsi per modificare o liberarti dalle sensazioni che stai avendo. Potresti provare il desiderio di sentirti più rilassato o meno teso. Non hai bisogno di cambiare nulla. Il tuo unico compito in questo momento è di fare spazio per qualsiasi cosa tu stia attualmente provando.

Il tuo compito per la prossima settimana è di fare una scansione del tuo corpo, come descritto sopra, due volte al giorno ad un orario stabilito. (Magari una volta al mattino e una prima di andare a letto). Il tuo obiettivo è di fare questa scansione del corpo all'orario che ti sei assegnato, e non sulla base di ciò che le sensazioni di panico chiedono. Tieni traccia della tua pratica giornaliera di scansione del corpo con il registro fornito in questo capitolo.

Giorno e ora della scansione corporea	Sensazioni osservate

	15

Altro da fare

Solo perché alcune parti del tuo corpo non sono cariche di panico e non ti urlano contro chiedendo di essere considerate, non significa che queste non meritino un po' di cure amorevoli. Il tuo compito per questa settimana è di prestare ogni giorno un minuto di attenzione ad una parte diversa del corpo non associata al panico. Segui il programma qui sotto per riscoprire te stesso con le parti del corpo che non sono nella zona panico.

Lunedì: Per un minuto, concentra la tua attenzione su un dito. Non appena la tua mente divaga (e lo farà), riporta delicatamente l'attenzione al tuo dito.

Martedì: Per un minuto, concentra la tua attenzione sulle tue orecchie. Non appena la tua mente divaga (e lo farà), riporta delicatamente l'attenzione alle tue orecchie.

Mercoledì: Per un minuto, concentra la tua attenzione sul tuo mento. Non appena la tua mente divaga (e lo farà), riporta delicatamente l'attenzione al tuo mento.

Giovedì: Per un minuto, concentra la tua attenzione sul tuo ginocchio. Non appena la tua mente divaga (e lo farà), riporta delicatamente l'attenzione al tuo ginocchio.

Venerdì: Per un minuto, concentra la tua attenzione sul tuo gomito. Non appena la tua mente divaga (e lo farà), riporta delicatamente l'attenzione al tuo gomito.

Sabato: Per un minuto, concentra la tua attenzione sul tuo naso. Non appena la tua mente divaga (e lo farà), riporta delicatamente l'attenzione al tuo naso.

Domenica: Per un minuto, concentra la tua attenzione sulle tue labbra. Non appena la tua mente divaga (e lo farà), riporta delicatamente l'attenzione alle tue labbra.

5 LA VITA ATTRAVERSO DEGLI OCCHIALI DA PA-NICO

In questo esatto momento, potresti vedere il mondo attraverso degli "occhiali da panico". Quando si indossano degli occhiali da panico, ogni cosa appare pericolosa e minacciosa.

La storia di Giovanni

Giovanni era in pausa invernale dalla scuola. Stava passando un fantastico anno da matricola. Stava affrontando il suo carico di lavoro accademico con il minimo stress. Si sentiva sulla cima del mondo. Poi un giorno, tutto è cambiato. Giovanni era a cena con alcuni amici quando dal nulla ha iniziato a sentire un profondo senso di terrore. Sentiva come se le pareti del ristorante gli stessero crollando addosso. Le luci sembravano troppo luminose e si sentiva disconnesso dall'ambiente circostante. Si sentiva come se non potesse fare un respiro profondo e aveva dolori al petto. Provò una sensazione di tragedia incombente, come se la fine fosse in qualche modo vicina.

Giovanni raccontò ai suoi genitori delle terribili sensazioni che aveva provato, e loro gli presero subito un appuntamento dallo psicologo. Durante la prima sessione, lo psicologo spiegò che Giovanni stava avendo un attacco di panico. Lo psicologo gli chiese di disegnare come si sentiva quando stava vivendo il suo attacco di panico.

Quindi, lo psicologo di Giovanni gli chiese di disegnare ciò che vedeva e come il mondo gli appariva quando indossava degli occhiali da panico.

Da fare

Nello spazio qui sotto, fai un disegno di te stesso mentre vedi il mondo attraverso degli occhiali da panico. Che aspetto hai? Dove trattieni la tensione nel tuo corpo? Com'è la tua postura? Sei dritto in piedi o accovacciato? Le spalle sono alte fino alle orecchie o basse?

Poi fai un disegno di quello che vedi quando indossi gli occhiali da panico. Come ti sembra il mondo esterno? Quali colori ti vengono in mente? Come appaiono le altre persone?

Altro da fare

La prossima volta che starai avendo un attacco di panico, prova a raccogliere le energie per metterti al computer e andare su un qualsiasi sito di news. Scrivi i primi tre titoli che attirano la tua attenzione quando indossi gli occhiali da panico:

1: _________

2: _________

3: _________

Poi trova un momento in cui ti senti rilassato e a tuo agio. Fai lo stesso esercizio come descritto sopra. Mettiti al computer e vai su un qualsiasi sito di news. Scrivi i primi tre titoli che attirano la tua attenzione quando *non* indossi gli occhiali da panico:

1: _________

2: _________

3: _________

Metti a confronto e contrapponi i titoli che hanno catturato la tua attenzione quando indossi degli occhiali da panico rispetto a ciò che ha catturato la tua attenzione quando ti senti rilassato e a tuo agio. Noti uno schema?

6 L'ECCITAZIONE È IL ROVESCIO DELLA MEDAGLIA DEL PANICO

Le stesse sensazioni corporali si provano sia in momenti di panico che in momenti di eccitazione. Le sensazioni del corpo non sono "buone" o "cattive". È il modo in cui noi pensiamo queste sensazioni che ci porta ad etichettarle come "buone" o "cattive".

La storia di Sabrina

L'anno da matricola di Sabrina alle superiori è stato pieno di prime volte. Due di queste nuove esperienze includevano l'innamorarsi e l'avere il primo attacco di panico. Prima venne l'amore. Sabrina incontrò Marco durante la lezione di Storia. Lei notò che tutte le volte che si trovava con Marco il suo cuore batteva molto forte e si sentiva un po' nauseata. Al suo primo appuntamento con lui, Sabrina notò che le sudavano le mani, aveva difficoltà a prendere fiato e aveva un po' di capogiri. Ma Sabrina non poteva essere più felice. Liquidò quelle sensazioni come semplice eccitazione per una serata così importante.

Dopo un mese di relazione con Marco, lui la lasciò. Sabrina aveva difficoltà a concentrarsi a scuola e i suoi voti cominciarono a scendere. Un martedì mattina, all'improvviso, Sabrina ebbe il suo primo attacco di panico. Ricorda di aver notato innanzitutto che le sue mani e la sua faccia erano sudate, e che il suo cuore batteva molto forte. Si disse, "È così disgustoso e strano. Spero che nessuno mi veda in questo stato." Quando in seguito Sabrina sentì di nuovo il suo cuore picchiare, pensò, "Sto avendo un attacco di cuore! È terribile. Non posso sopportare di sentirmi così"

Da fare

Elenca le sensazioni che Sabrina ha provato durante le seguenti situazioni:

A. innamorarsi di Marco

____

B. avere il primo attacco di panico

____

Quali erano le interpretazioni di Sabrina sul perché stesse avendo queste sensazioni nella situazione A e nella situazione B?

A. innamorarsi di Marco

____

____

B. avere il primo attacco di panico

____

____

Altro da fare

Indovina se le seguenti citazioni descrivono come ci si sente quando ci si innamora o come ci si sente quando si ha un attacco di panico.

1. "Un'ondata di emozioni si mosse dentro di me in modo così aggressivo e intenso che mi sentivo come se non potessi respirare."
2. "Avevo voglia di scappare e nascondermi. Mi sentivo come se non potessi sopportare fino a che punto mi sentissi fuori controllo."
3. Mi sentivo confuso e disorientato. L'ondata di emozioni che mi si rovesciò addosso sembrava minacciosa e pericolosa."

Risposte esatte: 1. Amore 2. Amore 3. Amore

Per ciascuno degli esempi qui sotto, indovina cosa la persona stia facendo e come si stia sentendo.

Esempio: *Il cuore di Andrea batteva all'impazzata e riusciva a malapena a respirare.*

- Andrea sta facendo un esame, e si sente terrorizzato.
- Giulio sentiva le guance arrossarsi e lo stomaco ribollire.
- Giulio stava __________, e si sentiva __________.
- Dario sentiva un nodo alla gola e gli girava la testa.
- Dario stava __________, e si sentiva __________.

Hai associato queste situazioni alla paura o ad emozioni positive? Il modo in cui hai risposto qui potrebbe riflettere il modo in cui automaticamente interpreti certe sensazioni corporee che attirano l'attenzione.

Cerca, quindi di considerare alcune possibili spiegazioni neutre o positive e scrivi anche queste.

Esempio: *Il cuore di Andrea batteva all'impazzata e riusciva a malapena a respirare.*

- Andrea sta ballando sulla sua canzone preferita e si sente euforico.
- Giulio sentiva le guance arrossarsi e lo stomaco ribollire.
- Giulio stava __________, e si sentiva __________.
- Dario sentiva un nodo alla gola e gli girava la testa.
- Dario stava __________, e si sentiva __________.

Come ti senti dopo aver considerato delle spiegazioni positive?

Cerchia tutte le sensazioni corporee legate al panico che hai provato recentemente nella colonna sinistra qui sotto. Includi qualsiasi sensazione aggiuntiva. Quindi a destra scrivi una situazione neutra o positiva in cui tu o qualcun altro possiate aver avuto la stessa sensazione.

Sensazione di attacco di Panico	Situazione neutra o positiva in cui potresti provare la stessa sensazione

Palpitazioni cardiache	
Sudorazione	
Tremore	
Fiato corto o sensazione di soffocamento	
Senso di strangolamento	
Costrizione al petto	
Nausea o dolore addominale	
Vertigini o giramenti di testa	
La sensazione che ciò che ti circonda è irreale	
Sentirsi irreali	
Sentirsi fuori controllo	
Formicolio	
Brividi o vampate di calore	
Altro (scrivi il tuo):	

Nota come la stessa sensazione possa essere interpretata come spaventosa, normale o persino buona. La prossima volta che

starai avendo un attacco di panico, ricordati, "Io *posso* gestire queste sensazioni, e in una situazione diversa non mi sarei nemmeno
preoccupato di loro! (o mi sarebbero addirittura piaciute)"

7 È SOLTANTO UN FALSO ALLARME

Il cervello è sempre alla ricerca di pericoli. Alle volte si sbaglia e determina che uno è in pericolo quando invece è sano e salvo. Un attacco di panico è soltanto un falso allarme che scatta nel tuo cervello.

Da sapere

Hai mai fatto scattare accidentalmente il rilevatore di fumo? Magari stavi cucinando qualcosa o cercando di sorprendere i tuoi genitori con una colazione di compleanno. Stavi innocentemente mettendo dei toast sulla griglia quando tutto a un tratto una tonnellata di fumo si è alzata dalla padella facendo scattare l'allarme antincendio. E grazie al cielo c'era quel rilevatore, perché se ci fosse stato un vero incendio, avresti dovuto lasciare immediatamente l'edificio e metterti al sicuro. Ma quando stai tentando di prepararti uno spuntino dopo la scuola e il tuo momento di relax è interrotto dall'odioso suono di un allarme antincendio, il rilevatore di fumo è più fastidioso che utile. Allo stesso modo, un attacco di panico è un falso allarme che scatta nel tuo cervello.

Da fare

Giochiamo a Pericolo Versus Falso Allarme. Per le situazioni elencate qui sotto, specifica se rappresentano un momento appropriato per avere una reazione di panico o se siano un falso allarme.

- Stai affrontando un importante esame e inizi a sentirti accaldato e arrossato.
- Stai guidando in autostrada e noti che il tuo battito cardiaco sta accelerando.
- Scoppia un incendio a casa tua.
- Un leone si avventa contro la tua faccia.

- Sei ad una festa con degli amici e inizi a sentirti strano e fuori posto.
- Stai per calpestare un serpente a sonagli.
- Stai salendo una rampa di scale e hai difficoltà a prendere fiato.

Pensa a tre momenti nella tua vita in cui la reazione di panico ti è stata d'aiuto e ti ha protetto dal pericolo. Adesso pensa a tre momenti in cui la reazione di panico è stata un falso allarme e si è rivelata più fastidiosa e sgradevole che utile.

Altro da fare

La prossima volta che ti accorgi che sta emergendo del panico, gioca a Dov'è il Pericolo? Fai una rapida valutazione del *vero* pericolo.

1. Si sta forse avvicinando un orso feroce?
2. Sono nel bel mezzo di un incendio?
3. Vedo qualche uomo armato?
4. Un vulcano sta eruttando davanti ai miei occhi?
5. Il suolo sta tremando a causa di un terremoto?
6. Sta scendendo della grossa grandine dal cielo (o delle locuste o delle vespe furiose o qualche altro oggetto volante pericoloso)?

Aggiungi la tua domanda di valutazione del *vero* pericolo.

1. ________

Se la risposta ad una qualsiasi di queste domande è sì, metti immediatamente giù questo libro e occupati dell'emergenza. Se la risposta a queste domande è no, allora ricorda a te stesso che il panico è un falso allarme che scatta nel tuo cervello.

Dunque informa rispettosamente il tuo cervello che finché non osservi uno dei pericoli elencati precedentemente, te ne starai fermo e gli insegnerai che è (e lo sei anche tu) al sicuro.

Per la prossima settimana, annota per ogni momento di panico il tuo livello iniziale di ansia. Quindi, gioca un po' a Dov'è il Pericolo? e guardati intorno nella stanza alla ricerca di pericoli imminenti. Infine, annota il tuo livello di ansia dopo aver giocato a Dov'è il Pericolo?

Data e ora	Livello iniziale di Ansia (0-10)	Dov'è il pericolo? (domande poste)	Livello di Ansia dopo dov'è il pericolo? (0-10)

Crea un cartoncino per ricordare a te stesso che un attacco di panico è soltanto un falso allarme che scatta nel tuo cervello. Sii il più creativo possibile. Prova a disegnare un'immagine che rappresenti questo concetto. Dove puoi tenere questo cartoncino così che questo concetto sia a portata di mano e accessibile quando ne hai più bisogno?

8 DAL PANICO AL DISTURBO DA ATTACCHI DI PANICO

La principale differenza tra coloro che hanno un attacco di panico occasionale e chi soddisfa i criteri del disturbo da attacchi di panico, riguarda l'intensità con cui si teme l'esperienza del panico e si altera la propria vita per evitare di viverla.

Giuliana e Samantha

Giuliana e Samantha sedevano l'una accanto all'altra durante il corso di Inglese del primo anno. Un giorno suonarono le sirene da tornado e gli studenti si accovacciarono e si coprirono la testa con le loro mani come erano stati istruiti a fare. La corrente nell'edificio andava e tornava e si potevano udire delle forti ventate all'esterno. Giuliana iniziò a sentire il suo cuore accelerare e cominciò a sudare. Si sentiva stordita e aveva dolore allo stomaco. I suoi pensieri correvano. Tutto ciò a cui riusciva a pensare era a quando questa tempesta sarebbe finita. Samantha era altrettanto terrificato. Si sentiva tremante e aveva difficoltà a respirare. Il suo cuore batteva forte e aveva dei brividi costanti.

Presto ricomparve il sole, la lezione riprese e la vita tornò alla normalità. Samantha si concentrò sul lavoro scolastico e i suoi amici e raramente pensava a quanto si è sentita impaurita durante l'allarme tornado. Al contrario, Giuliana continuò a sentirsi spaventata. Anche se sapeva che le sue iniziali sensazioni di panico erano dovute all'allarme tornado, ciò che non sapeva era quando o se si sarebbe nuovamente sentita in quel modo. Si ritrovò a scrutare continuamente il suo corpo per verificare se aveva difficoltà a respirare o se il suo battito cardiaco stesse accelerando. Pensava costantemente a dei modi per evitare di sentirsi nel panico. Giuliana iniziò a perdere la speranza. Più tentava di non sentirsi di nuovo nel panico, più andava nel panico.

Da fare

In media, questa settimana, quante ore al giorno hai pensato al panico? __________

Metti una spunta accanto ai pensieri e comportamenti qui sotto che hai vissuto quando hai pensato al panico.

    ☐ Pensieri relativi a quanto odi il panico

    ☐ Pensieri relativi a quanto spavento ti procura sentire il panico

    ☐ Pensieri relativi a quanto sarebbe brutto se iniziassi a sentire il panico

    ☐ Esaminare il tuo corpo per determinare se stai iniziando a sentire il panico.

    ☐ Pensieri relativi a quanto bella era la vita prima che avessi il panico.

    ☐ Cercare di capire cosa non vada in te

    ☐ Riflettere sull'eventualità di sentirti meglio e smetterla di sentirti così male

    ☐ Altro: __________

Durante la scorsa settimana, quali attività hai evitato in modo da prevenire di vivere il panico?

____

____

In base alla tua esperienza, pensare a quanto odi il panico ed evitare alcune attività ti aiutano a liberarti di esso?

Altro da fare

Per la prossima settimana, tutte le volte che la tua mente decide di pensare a quanto odia il panico, afferra il telecomando del tuo cervello e cambia canale. Puoi cambiare da TG PANICO a qualsiasi altro canale. Pensa allo sport, pensa ai tuoi amici oppure guarda fuori dalla finestra e osserva le meraviglie della natura. Non importa quale canale metti, basta che cambi da TG PANICO a uno qualsiasi dei milioni di canali disponibili che la tua mente ti offre. Davvero il panico merita ancora da parte tua dell'altra attenzione? Non ha già sprecato abbastanza del tuo tempo?

9 PRESTARE LA GIUSTA ATTENZIONE AI PENSIERI DI PANICO

C'è una via di mezzo, da qualche parte tra lo scappare dai pensieri di panico e l'aggrapparsi ad essi, che implica il prestargli la giusta attenzione. Prestare la giusta attenzione ai pensieri significa osservare tutti i pensieri, sia che li consideriamo buoni o cattivi, con un'attitudine aperta e tollerante.

Da sapere

Adesso è il momento di discutere di una sfumatura un po' più complessa. Nell'attività 2, ti ho detto che più provi a non pensare al panico, più finirai col pensare al panico. Nell'attività 8, ti ho detto di afferrare il telecomando del tuo cervello e cambiare il canale della tua mente da TG PANICO ad una qualsiasi altra stazione. Che succede?

Non voglio che tu debba scappare dai pensieri di panico, ma non voglio nemmeno che vi rimani incastrato. La pace si trova da qualche parte tra questi due estremi. La libertà dai pensieri di panico si può ottenere imparando a prestare la giusta attenzione a questi pensieri e quindi a reindirizzare la tua attenzione di nuovo al momento presente o su qualsiasi altra cosa su cui *tu* scelga di concentrarti (rispetto a ciò su cui il panico vuole che tu ti concentri).

Da fare

Zoe sedeva in classe, ascoltando il suo insegnante che ripassava il materiale che sarebbe stato nell'esame finale. Iniziò a sentire uno strano formicolio alle mani; ripensando ad una recente notizia sui segnali di avvertimento di un infarto imminente, cercò di ricordare se il formicolio alle mani fosse tra questi. Più cercava di determinare se stesse avendo un infarto, peggio si sentiva. Impiegò il resto della lezione nella "terra del panico" e sentì solo alcuni pezzetti e frammenti delle informazioni che l'insegnante stava dando.

Mary sedeva in classe, ascoltando il suo insegnante che ripassava il materiale che sarebbe stato nell'esame finale. Iniziò a sentire uno strano formicolio alle mani; ripensando ad una recente notizia sui segnali di avvertimento di un infarto imminente, cercò di ricordare se il formicolio alle mani fosse tra questi. Presto si ritrovò bloccata tra i pensieri di panico. Ricordò gentilmente a se stessa, "Sto avendo il *pensiero* di stare avendo un infarto. Questo non significa che ne sto effettivamente avendo uno." A quel punto usò tutte le sue forze per reindirizzare la sua attenzione a quello che l'insegnante stava dicendo. Pochi minuti dopo, i pensieri sull'infarto e sul panico riemersero, e lei di nuovo si esercitò a notare i pensieri e ad etichettarli. Quindi reindirizzò di nuovo la sua attenzione a quello che l'insegnante stava dicendo. Alla fine della lezione, si era esercitata a reindirizzare delicatamente la sua attenzione più volte di quanto avrebbe voluto, ma la buona notizia era che aveva speso in totale solo pochi minuti coinvolta con i pensieri di panico. Per la maggior parte della lezione aveva ascoltato il suo insegnante e aveva ricevuto le informazioni che le servivano per l'esame finale.

Metti a confronto come Zoe si è relazionata ai suoi pensieri di panico e come invece si è relazionata Mary con i suoi.

Chi ha speso più tempo dietro alla guida del panico, Zoe o Mary?

Chi è riuscita ad ottenere di più dalla lezione?

Se potessi dare un consiglio a Zoe per aiutarla a seguire meno il panico e più il suo insegnante cosa le diresti?

Altro da fare

Per la prossima settimana, stabilisci un momento di cinque minuti per esercitarti a prestare la giusta attenzione a *tutti* i pensieri. Durante la pratica, il tuo compito è di concentrare la tua attenzione sul tuo respiro e pensare a "dentro" quando inspiri e "fuori" quando espiri. Ogni volta che la tua attenzione si allontana, annota il pensiero che ha catturato l'attenzione della tua mente, descrivilo ("Ho appena pensato che tutto questo è stupido" o "Ho appena pensato di avere sete") e quindi riporta la tua attenzione di nuovo al tuo respiro. Lo scopo di questo esercizio non è di rilassarti quanto piuttosto di rafforzare la capacità della tua mente di riportare l'attenzione sul momento corrente.

Per la prossima settimana, esercitati a prestare la giusta attenzione a tutti i pensieri di panico. Ogni qual volta ti accorgi che un pensiero di panico viene a galla, il tuo compito è di seguire i quattro step qui sotto per prestargli la giusta attenzione.

1. Nota quando un pensiero di panico affiora. Cerca di considerare il pensiero di panico con un atteggiamento tollerante e curioso.
2. Etichetta il pensiero di panico. Invece di dire a te stesso, "Sto perdendo la testa", prova a dirti, "Sto avendo un pensiero di panico secondo cui sto perdendo la testa".
3. Riporta la tua attenzione al momento presente o a qualsiasi cosa tu decida di occuparti.
4. Se necessario, ripeti il processo ogni volta che si presenta un pensiero di panico.

Compila la tabella qui sotto ogni volta che ti eserciti a prestare la giusta attenzione ai pensieri di panico.

Data e ora	Pensiero di Panico	Sono stato capace di etichettare	Sono stato capace di riportare la

		il pensiero di Panico? (S/N)	mia attenzione al momento presente? (S/N)
	34		

10 IL CICLO DEL PANICO

Un attacco di panico non è una "cosa", quanto piuttosto un processo dinamico fatto di pensieri interconnessi, sensazioni e comportamenti.

Da sapere

I tre componenti di un attacco di panico sono sensazioni corporali, pensieri e comportamenti. Le sensazioni del corpo includono sensazioni come il battito cardiaco, la sudorazione, il tremolio, la mancanza di respiro, la nausea, le vertigini e le sensazioni di soffocamento. I pensieri includono tutto ciò che pensiamo o diciamo a noi stessi. I comportamenti sono invece le azioni che compiamo. (Ma nota che non fare nulla e rimanere fermo è anche questo un comportamento).

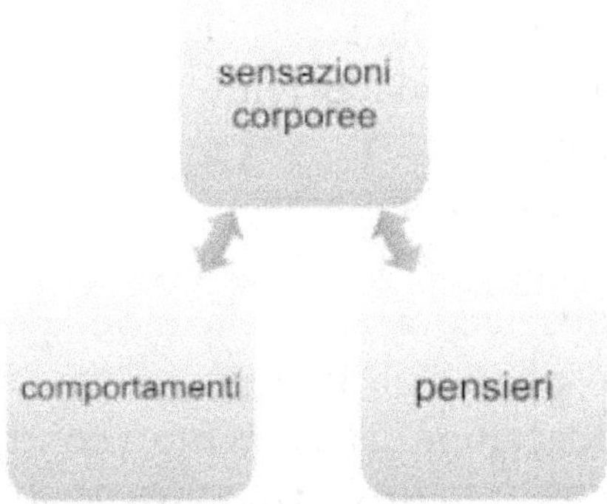

Ciascuna di queste tre parti può influenzare le altre. Le tue sensazioni corporali possono influenzare i tuoi pensieri, e i tuoi pensieri possono provocare o influenzare le sensazioni del tuo corpo. I tuoi pensieri possono influenzare i tuoi comportamenti, e i tuoi comportamenti possono fare altrettanto con i tuoi pensieri. I tuoi comportamenti possono influenzare le tue sensazioni corporali, e le tue sensazioni corporali possono avere un effetto sui tuoi comportamenti.

Da fare

Immagina di essere in una yogurteria. Solo che invece di creare il prefetto yogurt gelato vorremmo che tu creassi il "perfetto attacco di panico". Prenditi il tuo tempo a leggere la lista degli "ingredienti", e nota come ognuno di questi possa potenzialmente contribuire ad un attacco di panico. Cerchia i due ingredienti principali in ogni categoria che credi sarebbero i migliori per creare il più grande e peggiore attacco di panico nei tuoi confronti. Proprio come quando scegli i condimenti di uno yogurt gelato, non ci sono risposte giuste o sbagliate. Gli ingredienti per creare il tuo attacco di panico perfetto sono diversi da quelli che servirebbero a chiunque altro per sperimentare un attacco di panico che sconvolgerebbe il suo mondo.

Scelta degli ingredienti della sensazione corporea:

- Battito cardiaco accelerato o palpitazioni
- Sudorazioni o brividi
- Tremolio
- Mancanza di fiato
- Sensazione di soffocamento
- Nausea o farfalle nello stomaco
- Vertigini o giramenti di testa
- Sensazione di essere fuori controllo, impressione di irrealtà o di distaccamento da se stessi.
- Intorpidimento o sensazione di formicolio
- Aggiungi il tuo:_________

Scelta degli ingredienti del pensiero:

- Non sto bene.
- Non posso farlo assolutamente.
- Non va bene andare nel panico di fronte agli altri.

- Non va bene se le persone mi giudicano.
- Ho bisogno di essere il più perfetto possibile.
- Non posso sopportare che le persone ce l'abbiano con me.
- Non sono capace di gestire tutto questo.
- Non starò mai meglio.
- Nessuno capisce.
- Sto perdendo il controllo.
- La gente può dire che non sto bene.
- Aggiungi il tuo: __________

Scelta degli ingredienti del comportamento:

- Evitare le cose difficili
- Evitare le cose che fanno paura
- Evitare i posti che possono aumentare il tuo panico
- Procrastinare i compiti necessari
- Stare a letto
- Evitare le persone
- Lasciare presto i luoghi quando non ti senti a tuo agio
- Chiedere alle altre persone di fare cose al posto tuo
- Chiedere agli altri se stai bene
- Fare decisioni basate sul panico
- Bere alcol o curarsi in qualche altro modo
- Aggiungi il tuo: __________

Altro da fare

Pensa alla tua esperienza di panico più recente. Elenca quante più sensazioni corporee, pensieri e comportamenti ricordi di aver avuto.

Sensazioni del corpo:

____

____

____

____

Pensieri:

———————

———————

———————

———————

Comportamenti:

———————

———————

———————

———————

Poi disegna le tue risposte utilizzando il modello del ciclo del panico qui sotto, che mostra come ogni sensazione, pensiero e comportamento potrebbe possibilmente influenzare ed essere influenzato dagli altri. Sentiti libero di disegnare tutte le frecce che desideri in tutte le direzioni che preferisci.

———————

———————

———————

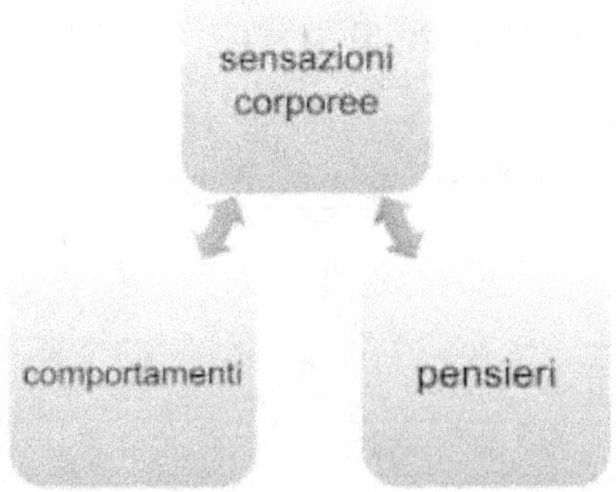

11 TRACCIARE IL PANICO

Prestare attenzione o "tracciare" il panico ti aiuta a smettere di sentirti come un suo prigioniero. Ti sentirai invece come un detective che tenta di risolvere un caso.

La storia di Geremia

L'analista di Geremia gli ha assegnato un compito che gli chiede di tracciare i suoi sintomi del panico. Nonostante inizialmente la raccolta dei dati abbia fatto sentire Geremia ancora più ansioso, col tempo tracciare i suoi attacchi di panico è diventata un'abitudine utile. Scrivendo i differenti elementi dei suoi attacchi di panico, Geremia è stato in grado di vedere in modo più oggettivo cosa gli stava succedendo e si è sentito più distante dai suoi pensieri e sentimenti spaventosi. Inoltre, era capace di pensare più a fondo a cosa poteva fare per attraversare lo sgradevole momento del panico.

Da fare

Pensa all'ultima volta in cui hai vissuto un attacco di panico o un periodo di ansia intensa. Usa quest'ultimo ricordo per scrivere o tracciare le informazioni seguenti. Va bene se non ti ricordi tutti i dettagli, basta che scrivi i fatti principali che ti tornano in mente. Va bene se ti senti ansioso quando pensi e scrivi queste risposte.

1. Che giorno della settimana era? __________
2. Che ora era? __________
3. Cosa stavi facendo quando è iniziato il panico? Cosa stavi facendo durante l'episodio di panico?
4. Quali pensieri ti passavano per la mente quando è iniziato il panico? E quali pensieri hai avuto durante l'episodio di panico?

5. Quali sensazioni fisiche stava sentendo il tuo corpo?
   Quali di queste non ti è piaciuta?
6. Qual è stata l'intensità del panico su una scala da 0 a
   10 (dove il 10 indica il peggior attacco di panico che
   hai mai avuto)? __________
7. Quanto è durato il panico? __________

Altro da fare

Esamina i dati.

1. C'è qualcosa riguardo a quel giorno che solitamente ti
   provoca il panico?
2. C'è qualcosa riguardo a quel periodo che solitamente
   ti provoca il panico?
3. Com'era lo stress complessivo quel giorno?
4. Riesci a pensare a qualche altro componente aggiun-
   tivo del panico, come una notte di sonno insuffi-
   ciente, un incremento nell'assunzione di caffeina,
   problemi d'amore, cambiamenti ormonali e così via?
5. Quello che hai fatto in reazione al panico ha aiutato a
   diminuire l'intensità e la durata dell'attacco di panico?
6. Quello che hai fatto in reazione al panico ha portato
   ad un aumento dell'intensità e della durata dell'attacco di panico?
7. Mentre conduci questa analisi post attacco di panico,
   riesci a pensare a qualcosa che avresti potuto fare
   differentemente per diminuire il disagio e l'angoscia
   associati a quell'attacco di panico?

12 PREMIATI

Combattere il panico è difficile ed estenuante. Ovviamente la ricompensa finale è il sentirsi meglio. Tuttavia, è altrettanto utile guadagnare delle ricompense a breve termine che ti tengano incentivato mentre ti muovi verso il tuo obiettivo a lungo termine di libertà dal panico.

La storia di Jenny

Jenny era davvero motivata a combattere il suo panico. Era stufa di sentirsi impaurita e di permettere al panico di rovinarle la vita. Il suo scopo finale era di ridurre il suo panico fino al minimo indispensabile e di ritornare al suo stile di vita "pre-panico". Jenny pensava di essere persistente e di lavorare davvero sodo. Capì che se solo si fosse impegnata ogni giorno, allora sarebbe subito tornata a sentirsi di nuovo normale. Tuttavia, dopo alcune settimane di duro lavoro iniziò a sentirsi stanca. Anche se si rendeva conto che qualcosa era migliorata, c'era comunque ancora parecchio panico nella sua vita. Voleva arrendersi. Invece, decise di suddividere il suo obiettivo finale in dei traguardi più piccoli e concreti. Ogni volta che raggiungeva uno dei suoi piccoli obiettivi, si permetteva di scaricare una nuova canzone da iTunes. Il solo sapere che avrebbe avuto una nuova canzone da ascoltare alla fine di ogni settimana le dava la carica anche quando si sentiva esausta. Ogni volta che ascoltava una nuova canzone, si ricordava di star facendo dei progressi e che non sarebbe passato molto tempo prima di sconfiggere il panico.

Da fare

Pensa ai recenti lavori che hai fatto (babysitter, faccende domestiche e così via). Cosa ti ha motivato a fare questi lavori? Se sapessi che verrai pagato qualcosa (anche una piccola somma) piuttosto che nulla, quanto saresti propenso a presentarti? La maggior parte degli adolescenti e degli adulti ha bisogno di una qualche compensazione per essere motivato. Per svolgere dei compiti difficili, le ricompense sono importanti, se non necessarie.

Adesso fai una lista delle possibili ricompense. Puoi tener un elenco di cose che ti piacciono, fare una lista dei desideri su Amazon o un foglio di calcolo su Excel oppure puoi semplicemente scrivere tutto sulla tua mano. Non importa come, basta che tu faccia una lista. Non dovrebbe essere difficile trovare cose che siano importanti per voi!

Una volta che hai determinato la tua prima ricompensa, stabilisci l'obiettivo a breve termine che devi raggiungere per guadagnartela.

Altro da fare

Rivedi periodicamente la tua lista. Gli oggetti che hai scelto sono abbastanza motivanti? Li stai guadagnando? Se no, allora raccogli delle altre idee per le tue ricompense. Continua a stabilire dei piccoli obiettivi a breve termine che siano raggiungibili.

Devi dare ascolto ai tuoi genitori e ai tuoi insegnanti, ma non devi dare ascolto al tuo panico. Infatti, sfidare il tuo panico è la chiave per superarlo.

La storia di Giorgio

Giorgio amava il basket. Sul campo era aggressivo e inseguiva sempre la palla. Tuttavia, quando si trattava di panico, faceva tutto quello che gli chiedeva. Dopo settimane in cui si sentiva abbattuto dal panico, decise di trattarlo come se fosse stata una squadra di basket avversaria. Giorgio si rese conto che non avrebbe mai ceduto la palla ad un avversario e non si sarebbe mai abbassato per concedere all'altra squadra una chiara linea di tiro verso il canestro. Sapeva che avrebbe perso la partita se avesse fatto in quel modo. Negli ultimi tempi, aveva continuato a dare la palla al panico concedendogli campo libero.

Tutto questo è cambiato non appena ha impostato una sana competizione tra il panico e se stesso. Invece di concedere la palla, ha lottato. Ha fatto il contrario di ciò che il panico gli diceva di fare nonostante si sentisse impaurito. Ogni volta che osava sfidare il panico, si dava un punto (due punti qualora fosse davvero difficile). Quando invece cedeva al panico, allo stesso modo gli conferiva dei punti. Alla fine di ogni settimana calcolava i punti e puntava sempre a uscirne vincitore. Questo lo ha davvero aiutato ad acquisire la prospettiva per cui il panico era una cosa separata da lui, e che mentre non poteva controllare se lo avrebbe o meno sentito, poteva invece scegliere come gestirlo. Il più delle volte ha scelto di contrattaccare e di non arrendersi alle richieste del panico. Tuttavia, Giorgio sa che, anche se è un gran giocatore di basket, non può bloccare tutti i tiri o segnare ogni canestro. Perciò ha usato questo atteggiamento realistico per concedersi una pausa quando non riusciva a respingere il panico il 100% delle volte.

Da fare

Inventa un nome per la tua squadra avversaria (il panico). Su un foglietto di carta o una lavagnetta (o sul tuo computer) crea due lati disegnando una linea nel mezzo. Un lato è per te, l'altro è per il panico. Accertati di usare qualcosa di significativo per te e scegli una situazione dove vincere è importante. Tutte le volte che combatti o ti arrendi, accertati di dare i giusti punti alle squadre. Alla fine di ogni settimana, calcola i punti e guarda chi ha vinto. Se risulti essere il vincitore, consegnati una delle ricompense che hai scelto prima nel libro. Puoi creare slogan, nomi e colori per le squadre. Più ti metti in competizione, più è probabile che continuerai a lottare.

Altro da fare

Tieni un registro settimanale di "me contro il panico" per tracciare cosa sei stato in grado di combattere e quando invece è stato più difficile. Stabilisci le situazioni più difficili come obiettivi per la settimana successiva e ricompensati di un punto extra se respingi il panico in questi scenari più impegnativi.

14 L'OSPITE DELLA FESTA INDESIDERATO

Anche se praticare una vita libera dal panico sarebbe l'ideale, ci saranno comunque dei momenti in cui il panico alzerà la sua fastidiosa testa. Quando il panico si manifesta, è importante continuare a partecipare alle attività che più ti sono importanti, anche se questo significa essere accompagnati dal panico.

Da sapere

Immagina di star dando una festa e di scoprire che il tuo migliore amico ha invitato qualcuno che a te proprio non piace. Hai tre opzioni: puoi dire al tuo amico di ritirare l'invito di questo ospite, puoi cancellare la tua festa per evitare di vedere questa persona oppure puoi annuire e salutare quando questa persona arriva e poi concentrarti sulla gente che vuoi vedere alla festa. Quando passi accanto a questo ospite indesiderato, puoi fargli un veloce sorriso di presa visione, ma non devi per forza fermarti e chiacchierare. Non c'è bisogno di essere scortesi o di ignorarlo, ma non devi nemmeno dargli troppo attenzione. Questo è come devi trattare il tuo panico. Nonostante non sia voluto, non puoi buttarlo fuori. Piuttosto puoi permettergli di venire con te. Ma il panico si siede sempre davanti. Non è necessario consegnargli le chiavi e lasciare che ti guidi lontano da tutto ciò che è importante per te.

Da fare

Immagina di essere al concerto della tua band preferita e che le persone accanto a te siano davvero sgradevoli. Inizi un litigio e cerchi di fargli cambiare atteggiamento? Lasci il concerto per evitare di ascoltare queste persone fastidiose? O cerchi piuttosto di concentrarti sulla musica e di godertela? Non puoi avere il controllo su ciò che ti disturba, ma puoi comunque controllare quanto possa interferire con il tuo divertimento.

Ora, concentra la tua attenzione su un suono nella stanza a cui non avevi fatto caso fino a due minuti fa; quanto ti sembra rumoroso adesso? Quanto ti sembrava rumoroso prima di avergli prestato attenzione? Il suono è stato là per tutto il tempo, ma dal momento che la tua attenzione era focalizzata su qualcos'altro, non lo avevi proprio notato. Ora che ci hai fatto caso e ti stai concentrando su di esso, ti sembra più o meno rumoroso?

Infine, concentrati per un minuto su qualcosa di fastidioso attorno a te (come un suono o un odore). Quindi impiega cinque minuti per reindirizzare la tua attenzione lontano da quel fastidio. Gioca sul tuo cellulare, leggi un libro o fai un po' di ginnastica. Dopo aver completato il compito di distrazione, quanto ti sembra fastidioso adesso quel suono o odore?

Altro da fare

La prossima volta che avrai un attacco di panico, imposta un timer e impiega due minuti a riflettere su quanto stai male e su quanto vorresti disperatamente sentirti in modo diverso. Per i due minuti successivi, reindirizza la tua attenzione su qualcos'altro. Metti a confronto il disagio che hai provato quando ti sei concentrato interamente su quanto è stato orribile avere un attacco di panico con il disagio che hai vissuto quando hai attivamente cercato di reindirizzare la tua attenzione su una fonte esterna.

15 SENZA FATICA NON SI OTTIENE NULLA

Non c'è niente di più efficace per allontanare il vento dalle vele del panico che tollerare le sensazioni dell'ansia. Più disagio a breve termine ti permetti di provare, più pace a lungo termine otterrai.

Da sapere

Ci sono molti esempi di momenti nella vita in cui si ottengono dei benefici dopo aver resistito a delle sfide o ad una certa quantità di dolore. Un esempio è la palestra. Nonostante allenarsi possa risultare divertente, solitamente si tratta comunque di una sfida per i nostri muscoli. Tuttavia, il fitness tende a farci sentire bene e in genere si pensa che valga la pena soffrire. Il lavoro che continuerai ad affrontare nel corso di questo libro ti condurrà a dei benefici che vanno oltre la lotta al panico. I benefici si ripercuoteranno su molti aspetti importanti della tua vita man mano che rafforzi la tua capacità di gestire l'angoscia e di liberarti del disagio.

Da fare

Quali di questi disagi sei disposto a provare in modo da non essere più ostaggio del panico?

- Provare le sensazioni fisiche dell'ansia - come palpitazioni, vertigini, nausea e sudorazione - e concederti di tollerare queste sensazioni per insegnare al tuo cervello che il panico è fastidioso ma non pericoloso:

Sì | No

- Passare del tempo in circostanze temibili come posti affollati, situazioni sociali e discorsi pubblici:

Sì | No

- Provare sensazioni di panico e continuare ad affrontare attività giornaliere:

Sì | No

- Rischiare di sembrare strano:

Sì | No

- Tollerare il sentirsi fuori controllo:

Sì | No

Se hai risposto di no a qualcuna di queste domande, al momento va bene. Durante il tuo percorso, se ti sentirai in grado di spingerti in uno dei modi che non credevi fosse possibile, sentiti libero di cambiare la tua risposta e consideralo un risultato ancora più grande.

Altro da fare

È utile riconoscere e ricordare gli altri successi che hai conquistato. Questi successi possono essere qualsiasi cosa, come risultati scolastici o lavorativi e traguardi personali.

Elenca tre cose che hai raggiunto di cui sei orgoglioso. Nessun risultato è mai troppo piccolo. Quindi, per ogni risultato rispondi sì o no a queste domande.

A. Risultato: __________

1. Che tipo di sforzo, lavoro o dolore è stato impiegato per avere successo?

____

2. Lo sforzo, il lavoro o il dolore sono valsi la ricompensa emotiva e concreta del successo?

____

B. Risultato: __________

1. Che tipo di sforzo, lavoro o dolore è stato messo per avere successo?

____

2. Lo sforzo, il lavoro o il dolore sono valsi la ricompensa emotiva e concreta del successo?

____

C. Risultato: ________________

1. Che tipo di sforzo, lavoro o dolore è stato messo per avere successo?

____

2. Lo sforzo, il lavoro o il dolore sono valsi la ricompensa emotiva e concreta del successo?

____

16 IL PREZZO DI UN PANICO NON CURATO

È comune per le persone che combattono il panico evitare importanti aspetti della vita per nascondersi da esso. Il problema di questa strategia è che il panico è migliore di te a nascondino.

La storia di Carlo

Carlo si trovava alla prima di un film con alcuni amici. A circa metà del film, Carlo notò di avere difficoltà a respirare. Cercò di concentrarsi sul film, ma aveva paura che avrebbe smesso di respirare e ha continuato a pensare al suo respiro. Si sentiva confuso e fuori posto. Le sue mani iniziarono a sudare e si sentiva come se stesse perdendo il controllo. Carlo pensò di non poter più rimanere dentro il cinema. Corse fuori e chiamò sua madre per farsi venire a prendere. Mentre si sentiva ancora male e turbato, si accorse anche del sollievo provato non appena ebbe lasciato l'ambiente dove i sintomi erano iniziati. Carlo si domandò se si stesse ammalando e andò a dormire. Il giorno dopo i suoi amici gli chiesero di uscire. Il suo primo istinto è stato di dire sì, ma subito dopo si è ricordato come si era sentito la notte prima. Carlo si sentiva bene nel comfort della propria casa e aveva paura di cosa sarebbe potuto succedere se fosse uscito. Declinò l'invito e scelse di rimanere a casa, dove almeno si sentiva al sicuro. Nelle settimane successive, Carlo ha evitato sempre più situazioni che una volta lo rendevano felice.

Da fare

Metti una spunta accanto ad ogni situazione che hai evitato o eviteresti per prevenire le sensazioni di ansia.

    ☐ Andare a una festa
    ☐ Andare in biblioteca

☐ Andare a un appuntamento
☐ Dormire a casa di un amico
☐ Partecipare ad un evento scolastico
☐ Partecipare ad un evento sportivo
☐ Andare a lavoro
☐ Andare a mangiare fuori con amici
☐ Allenarsi
☐ Andare al cinema
☐ Viaggiare in autobus o treno
☐ Guidare la macchina
☐ Bere caffè
☐ Usare l'ascensore
☐ Entrare in una stanza affollata
☐ Parlare con persone nuove
☐ Parlare di fronte ad un pubblico vasto
☐ Andare da qualche parte lontano da casa
☐ Parlare al telefono
☐ Altro: _________

____

____

____

____

Altro da fare

Scrivi quali attività hai evitato nell'ultima settimana per non vivere il panico.

____

____

Dai una valutazione numerica da 0 a 10 a quanto ti sei impegnato in pratiche di evasione durante l'ultima settimana (in cui 0 è nulla e 10 è il massimo). _________

In media, quanta ansia hai provato la scorsa settimana?

____

Ripensa al periodo prima di aver provato qualsiasi panico. Quante attività evitavi per non sentire ansia?

____

Quanta ansia provavi in quel periodo?

____

Quanto ti aiutano queste pratiche evasive a non provare ansia o panico?

____

Quanto ti angoscia mancare agli eventi che prima ti rendevano felice?

____

Per una situazione che hai recentemente evitato, scrivi un paragrafo in cui delinei ciò che temi sarebbe potuto succedere se avessi partecipato, nonostante il panico.

____

____

____

____

____

____

17 NON PROVARCI DA SOLO

Non c'è niente da nascondere sul fatto di lottare contro il panico. L'ansia cresce sotto l'oscurità della vergogna e svanisce quando la si affronta con apertura e accettazione.

La storia di Stefania

Stefania si ricorda l'esatto momento in cui tirò fuori il coraggio di parlare agli altri del suo panico. Prima di allora, aveva provato per cinque mesi a gestire da sola i sintomi del panico. Le è sempre stato insegnato quanto fosse importante essere indipendente. Dunque, anche se Stefania si era resa conto che gli strani sintomi dell'ansia le stavano rovinando la vita, si ancorò alla convinzione di poter migliorare le cose tutta da sola. Un venerdì a tarda notte, tuttavia, questa convinzione iniziò a cambiare. Lorenzo, per il quale aveva una cotta, le chiese di andare al ballo di fine anno con lui. Era tutto ciò che Stefania desiderava, eppure le uscì fuori dalla bocca la parola "no". Stefania aveva davvero paura che se fosse andata al ballo, avrebbe avuto un attacco di panico. Il rischio di sentirsi in imbarazzo di fronte a Lorenzo e agli altri ragazzi a scuola in occasione di un evento sociale grande come il ballo di fine anno era fin troppo da sopportare.

Lorenzo sembrò sorpreso dal rifiuto ma disse, "nessun problema". Stefania sapeva che vivere in questo modo non andava bene. Il lunedì successivo, durante la seconda ora di Scienze, scoprì che Lorenzo aveva chiesto a Eva di andare al ballo con lui domenica sera e che lei aveva accettato. Il cuore di Stefania era in frantumi. Ammise finalmente che cercare di gestire la propria ansia da sola non stava funzionando. Dopo la fine della lezione di scienze, mandò un messaggio a suo padre dicendogli che aveva bisogno di aiuto. Quando Stefania iniziò la terapia per il disturbo da attacchi di panico, finì per arruolare anche l'aiuto dei suoi amici

Mattia e Tommaso. Con il supporto di suo padre, Mattia e Tommaso, adesso Stefania è più sicura che quando arriverà il prossimo ballo scolastico sarà capace di dire sì.

Da fare

Identifica tutte le persone nella tua vita che possono essere una fonte di sostegno per te, per aiutarti con il panico o altro. Tra poco restringeremo la tua scelta del sostegno per il panico a una o tre persone, ma prima prenditi un momento per pensare in generale a tutte le persone di supporto che hai nella tua vita. Elenca quante più persone ti vengono in mente che potrebbero essere lì per te. La tua lista può includere amici, familiari, un terapeuta e chiunque altro senti vicino a te. Il tuo obiettivo è di allungare il più possibile la lista e di ricordarti che hai una rete di persone che tengono a te.

____

____

____

____

____

____

____

Ora restringi la tua lista ad una o tre persone che possono servire da supporto per superare il panico.

1: ________

2: ________

3: ________

Altro da fare

Quindi decidi in che modo informare le persone scritte qui sopra a) delle difficoltà che stai attraversando, b) del tuo obiettivo di superare il panico e c) del tuo desiderio di averli accanto come sostegno se necessario.

a. Cerchia qualunque delle seguenti frasi che potresti usare per spiegare le difficoltà che stai attraversando:
- Soffro di attacchi di panico.
- Sto avendo dei sintomi come __________.
- Non mi piacciono queste sensazioni, quindi evito alcune situazioni.
- Queste sensazioni sono davvero difficili per me.
- Questi sintomi mi fanno sentire __________.
- Sto affrontando un periodo difficile con il panico.

b. Cerchia qualunque delle seguenti frasi che potresti usare per spiegare il tuo obiettivo di superare il panico:
- Il disturbo da attacchi di panico è curabile.
- Ho deciso di affrontare i miei sintomi.
- Per superare i sintomi del panico, comincerò ad affrontare il problema.
- Voglio iniziare a curare il mio panico.
- Inizierò a confrontarmi con ciò che mi mette a disagio.
- Sono pronto ad andare avanti.

c. Cerchia qualunque delle seguenti frasi che potresti usare per spiegare il desiderio di averli accanto come sostegno se necessario:
- Spero che tu possa esserci se ho bisogno del tuo aiuto.
- Avere qualcuno accanto come sostegno rende più probabile che ci riesca.
- Ti andrebbe bene essere un supporto per me?
- Mi chiedevo se fossi in grado di aiutarmi se ne avessi bisogno.

o   Il trattamento mi consiglia di avere un sistema di so-
    stegno e ho pensato a te.
o   Va bene se ti chiedo di aiutarmi in caso di bisogno?

Ora, utilizzando gli esempi che hai appena cerchiato, cerca di scrivere alcune frasi che ti piacerebbe dire ad ognuno delle tue persone di sostegno. Sei libero di dire tutto quello che vuoi e non devi
necessariamente usare nessuno degli esempi qui sopra a meno
che non vadano bene per te

1: _________

____

2: _________

____

3: _________

____

18 CREARE UN MANTRA ANTI-PANICO

In un momento di calma libero dal panico, è facile capire che un attacco di panico è semplicemente un falso allarme che scatta nel tuo cervello e che non devi averne paura. Ma nel bel mezzo di un attacco di panico è difficile pensare razionalmente. Ciò di cui hai bisogno in questi momenti di panico intenso è un semplice mantra anti-panico - una frase che puoi ripetere spesso che esprime le tue convinzioni fondamentali - per guidarti attraverso il disagio.

La storia di Stefano

Stefano ha iniziato a vedere un terapeuta per aiutarlo a superare il panico. Nella prima sessione, il terapeuta ha spiegato che il panico è simile a un avido mostro con un appetito insaziabile. L'avido mostro del panico urla e sbraita, creando i sintomi del panico. Il mostro del panico ulula e ti tormenta finché non gli dai uno spuntino. I cibi preferiti del mostro del panico sono le pratiche di evasione e la ricerca della sicurezza a tutti i costi. Quando ti arrendi al mostro del panico e lo nutri con uno spuntino, si calmerà per un po'. Ma sta solo digerendo il suo snack e acquisendo maggiore forza, così da ruggire ancora più forte la prossima volta che avrà fame. La chiave per rimpicciolire il mostro del panico fino ad una dimensione gestibile è di affamarlo dei suoi spuntini preferiti - i comportamenti evasivi e di ricerca della sicurezza.

Dopo aver discusso questo concetto con il suo terapeuta, Stefano si inventò un mantra anti-panico: "Non alimentare il mostro del panico." Questo mantra lo ha aiutato a superare il disagio a breve termine di un attacco di panico ricordandogli che così facendo stava facendo morire di fame il mostro del panico. Fu quindi in grado di ricordare a se stesso che era in fin dei conti una buona cosa provare le sensazioni di panico e non far nulla per controllarle, ma piuttosto lasciarle passare da sole. Rimanendo fermo e impegnandosi nella vita come al solito, stava diminuendo le probabilità di avere delle esperienze di panico in futuro. Stefano si ancorò al suo mantra anti-panico, che gli ha permesso di attraversare dei momenti di forte panico a cui non avrebbe mai immaginato di sopravvivere.

Da fare

Guarda questa lista di esempi di mantra anti-panico. Metti una spunta o una X per ogni espressione - una spunta se è utile, una X se non lo è.

- ☐ Anche questo passerà.
- ☐ Quello che non mi uccide mi rende più forte.
- ☐ Anche se tutto questo non mi piace, posso sopportarlo.
- ☐ Fatti sotto.
- ☐ È solo un falso allarme che scatta nel mio cervello.
- ☐ È fastidioso ma non pericoloso.
- ☐ Me la posso cavare.
- ☐ Solo perché mi sembra di impazzire, non vuol dire che sono davvero pazzo.
- ☐ Sto bene; È solo che non mi sento bene.
- ☐ Sofferenza a breve termine, guadagno a lungo termine.

Ora, è il momento di inventarti il tuo mantra anti-panico personale. Quel che fa per te deve essere unico, basato sulla tua biologia e la tua esperienza di vita. Il tuo mantra anti-panico può evolvere e cambiare nel tempo. Adesso fai giusto un passo indietro e osserva cosa ti offre la mente. (Se sei di umore negativo e la tua mente ti offre dei mantra del tipo "Il panico fa schifo ed io non me ne libererò mai", magari vorresti fare una pausa e ritornare su questo esercizio tra qualche ora).

————

————

Altro da fare

Come ogni buon strumento, avere il proprio mantra è solo metà della battaglia. Devi effettivamente usarlo per beneficiare della sua presenza. La parte più difficile quando si usa un mantra anti-panico è che i momenti in cui ne hai più bisogno sono quelli in cui questo materiale è meno accessibile. Il tuo cervello non ti offrirà nulla di calmante quando è nel bel mezzo di un attacco di panico. L'unico messaggio che il cervello si preoccupa di farti sentire quando sei immerso nel panico è "Un leone sta per sbranarti la faccia. È meglio mettersi in salvo." Pertanto, bisogna fare affidamento sull'ambiente circostante per ricordarsi del proprio mantra anti-panico.

Pensa ai sintomi del panico che hai avuto negli ultimi giorni. Dove ti trovavi? Cosa stavi facendo? Per ciascuno di questi momenti di panico, pensa a come avresti potuto accedere al meglio al tuo mantra anti-panico.

Dove mi trovavo quando ho provato le sensazioni del Panico?	Cosa stavo facendo quando ho provato le sensazioni del Panico?	Come avrei potuto avere accesso al mio mantra Anti-Panico?

Spunta tre modi che userai per inserire il tuo mantra anti-panico nel tuo ambiente.

☐ Scrivere e mettere il mio mantra anti-panico in un posto facilmente accessibile nel mio telefono

☐ Piazzare dei post-it a casa mia nei seguenti posti:

____

____

☐ Creare un braccialetto o qualche altro accessorio per ricordarmi del mio mantra

☐ Chiedere a degli amici fidati e alla mia famiglia di ricordarmi il mio mantra

☐ Registrare un messaggio audio o video a me stesso, che mi ricordi il mio mantra e che riuscirò a sopravvivere a qualsiasi sintomo del panico

☐ Inviarmi un messaggio o un'email, scritti in un momento di calma, da essere letti in un momento di panico

☐ Disegnare un'immagine che possa simboleggiare il mio mantra e tenerla nel portafoglio, oppure farle una foto per renderla accessibile dal mio cellulare

☐ Incontrare lo psicologo scolastico, metterlo al corrente del fatto che soffro di attacchi di panico e, nel caso ne capiti uno a scuola, chiedergli di ricordarmi del mio mantra anti-panico

☐ Creare una playlist anti-panico accessibile dal mio cellulare o computer

☐ Altro: __________

A proposito di playlist anti-panico, la musica può fare miracoli nel riportarti a terra nel tuo corpo quando ti senti intrappolato nei pensieri del panico.

Elenca le tue tre canzoni migliori per combattere il panico:

1. __________
2. __________
3. __________

Come ti fanno sentire queste canzoni? Se ascoltare la tua playlist anti-panico ti fa venire voglia di raggomitolarti e nasconderti dal dolore, rileggi questa sezione e seleziona delle canzoni diverse. Se ascoltare la tua playlist anti-panico ti suscita dei sentimenti di forza e speranza, allora sei sulla strada giusta.

19 IL PENSIERO CATASTROFICO

Tutti noi abbiamo alcuni pensieri che ci fanno stare male e che non ci aiutano. È importante riconoscerli e capire perché questi pensieri non sono completamente accurati.

Da sapere

I pensieri possono giocare un ruolo importante nel nostro panico. Molto spesso il nostro modo di pensare è catastrofico, nel senso che magari pensiamo che la peggiore, la più orribile delle cose sta per accadere. È importante comprendere quando il tuo pensiero è catastrofico, poiché questo è il primo passo per cambiarlo. Ci sono molti modi in cui la nostra maniera di pensare può essere catastrofica. Dieci di questi modi includono

- pensare che una cosa sia interamente buona o interamente cattiva oppure che qualcosa succeda sempre o non succeda mai;
- pensare ingrandendo l'importanza dei pensieri negativi o diminuendo la rilevanza di quelli positivi;
- pensare che poiché ci sembra che qualcosa sia vera, ciò significa che è sicuramente vera;
- pensare che se un evento è negativo, allora sono negativi anche tutti gli eventi simili ad esso;
- pensare che noi o qualcun altro siamo una cattiva persona, invece di descrivere soltanto un particolare comportamento che accade;
- pensare che le parti buone di qualcosa non siano importanti, che tutti potrebbero riuscirci o che non contino;
- pensare alle riflessioni o intenzioni negative degli altri, anche quando non ci sono prove a sostegno;
- pensare che qualcosa di negativo accadrà in futuro anche se non ci sono prove a sostegno;

- pensare di essere la ragione per cui qualcosa non è andata per il verso giusto anche se in realtà non potevi farci nulla;
- pensare su come tu o gli altri "potreste o "dovreste" comportarvi. Questo modo di pensare è severo e spesso irrealistico.

Da fare

Inventati un esempio per ciascuno dei dieci tipi di pensiero catastrofico. Se l'esempio è un pensiero che hai effettivamente avuto, anche meglio.

Pensiero Catastrofico	Esempio
Pensare che qualcosa sia interamente buona o interamente cattiva oppure che qualcosa succeda sempre o non succeda mai;	
Pensare ingrandendo l'importanza dei pensieri negativi o diminuendo la rilevanza di quelli positivi;	
Pensare che poiché ci sembra che qualcosa sia vera, ciò significa che è sicuramente vera;	
Pensare che se un evento è negativo, allora sono negativi anche tutti gli eventi simili ad esso;	
Pensare che noi o qualcun altro siamo una cattiva persona, invece di descrivere soltanto un particolare comportamento che accade;	
Pensare che le parti buone di qualcosa non siano importanti, che tutti potrebbero riuscirci o che non contino;	
Pensare alle riflessioni o intenzioni negative degli altri, anche quando non ci sono prove a sostegno;	
Pensare che qualcosa di negativo accadrà in futuro anche se non ci sono prove a sostegno;	
Pensare di essere la ragione per cui qualcosa non è andata per il verso giusto anche se in realtà non potevi farci nulla;	
Pensare a come tu o gli altri "potreste o "dovreste" comportarvi. Questo modo di pensare è severo e spesso irrealistico.	

Altro da fare

Per una settimana, ogni volta che ti accorgi di star provando un'emozione negativa (tristezza, rabbia, malessere e così via), rispondi a questa domanda: Che pensiero/i ha o hanno preceduto quell'emozione?

Mentre fai questo durante la settimana, prova a notare qualsiasi abitudine a riguardo. Le persone tendono ad avere dei particolari tipi di pensiero che si ripresentano spesso e in modo regolare. Ci sono dei pensieri specifici che hai notato riaffiorare più frequentemente di altri? In tal caso, scrivili qui sotto e tienili d'occhio per il futuro.

———————

———————

———————

———————

20 DAL PENSIERO CATASTROFICO A QUELLO REALISTICO

Siamo solo degli esseri umani e non possiamo cambiare il fatto che il nostro cervello abbia alle volte un modo di pensare catastrofico. Ma ciò che possiamo fare è accompagnare questi pensieri con quanti più ragionamenti utili e realistici siamo in grado di pensare.

Da sapere

Ecco alcuni consigli per aiutarti a migliorare il pensiero realistico e utile:

- Non prendertela con te stesso per avere inizialmente pensato in modo catastrofico.
- Elabora più pensieri realistici e utili che puoi; più sono, meglio è.
- Se ti ritrovi bloccato, pensa a cosa diresti al tuo migliore amico o a un bambino. Di solito siamo capaci di essere molto creativi quando dobbiamo inventarci qualcosa di realistico e utile per qualcun altro.
- Non è necessario che ogni pensiero ti faccia sentire meglio. Basta essere creativi ed elaborarne il più possibile per aumentare le probabilità che almeno uno o alcuni di questi ti aiutino un pochino.
- Stabilisci su una scala da 1 a 10 quanto ti senti male (10 è il massimo), e prova a raccontarti delle cose realistiche e utili finché non riesci a diminuire quel numero per quanto possibile. Ridurlo della metà è un ottimo traguardo. Considera come un successo anche se lo diminuisci di un solo punto.

Da fare

Crea un promemoria con i pensieri realistici e utili che potresti usare più spesso. La buona notizia è che ci sono molti pensieri realistici e utili che possono farti stare meglio in varie situazioni.

Creando il tuo promemoria, sentiti libero di utilizzare qualunque dei seguenti esempi e aggiungine alla tua lista tutte le volte che ne pensi di nuovi.

- Sono solo un essere umano.
- Gli esseri umani commettono errori.
- Non è la fine del mondo.
- Nessuno si concentra su di me quanto lo faccio io; le altre persone si concentrano su loro stesse.
- Imparerò quel che posso dalla situazione e andrò avanti.
- Ho bisogno di accettare ciò che non posso cambiare.
- Non scelgo di avere il panico; non è colpa mia.
- Il mio meglio sufficiente.
- Va bene sentirsi agitati; Sono comunque capace di fare quello che voglio.

Promemoria dei pensieri realistici e utili

____

____

____

____

____

____

____

____

____

____

Altro da fare

Qui userai i pensieri che hai scritto nello step 1 della sezione "altro da fare" dell'attività 19. Per ogni pensiero negativo, scrivi tutti quelli realistici e utili che ti vengono in mente che possono farti sentire un po' meglio rispetto a quel pensiero iniziale.

69

Dal pensiero catastrofico a quello realistico

____

____

____

____

____

____

____

____

____

____

____

21 NON È SOLO QUELLO CHE DICI, MA COME LO DICI

Quando cerchi di superare il panico non è importante solo quello che ti dici, ma anche come lo dici. Se ti urli severamente di "calmarti", ti sentirai solo peggio. Se ti incoraggi gentilmente a "calmarti", ti sentirai meglio.

La storia di Enrico

Enrico stava affrontando un duro allenamento di tennis. Aveva avuto difficoltà a dormire la notte prima perché era preoccupato per le finali. Arrivò all'allenamento e si disse che avrebbe soltanto dovuto fare del suo meglio e sperò che il suo stato mentale non proprio ideale non avrebbe impattato sulle sue prestazioni tennistiche. L'allenatore di Enrico, Fernando, lo rimproverò immediatamente. Gli chiese cosa ci fosse di sbagliato in lui e mise in dubbio il suo impegno nello sport. Gli disse che poteva avere altri ragazzi da allenare che non gli avrebbero fatto perdere tempo. Terminò la sua sfuriata dicendo a Enrico che con questo suo atteggiamento fiacco non sarebbe arrivato a nulla.

Da fare

1. Come pensi che si senta Enrico mentre viene rimproverato dal suo allenatore?
2. Quanto motivato a fare un buon lavoro pensi che sia Enrico?
3. Quanto sicuro di sé pensi si senta Enrico?
4. Quanto forte e capace pensi si senta Enrico?
5. Quanto pensi che sia probabile che Enrico giochi bene la prossima volta che ha una sessione di allenamento con l'allenatore Fernando?

Pensa ad un momento della tua vita in cui qualcuno ti ha allenato in modo duro e aggressivo. Come ti ha fatto sentire? Quanto ti sei sentito motivato al successo dopo questo scambio?

Ora, pensa ad una volta in cui qualcuno ti ha allenato in modo incoraggiante e di supporto. Come ti ha fatto sentire? Quanto ti sei sentito motivato al successo dopo questo scambio?

Quali sono alcuni dei giudizi severi che ti sei dato perché hai difficoltà con il panico? Qui sotto c'è una lista dei giudizi più comuni che sentiamo dare a loro stessi da parte dei nostri clienti. Spunta ogni giudizio severo che hai dato a te stesso.

☐ Sei proprio un fallito.
☐ C'è qualcosa che non va in te.
☐ Perché non riesci ad essere normale?
☐ Sei patetico.
☐ Hai qualcosa di rotto.
☐ Sei uno schizzato.
☐ Non c'è niente che non va, eppure stai cadendo a pezzi.
☐ Sei debole.
☐ Sei difettoso.

☐ Non sai gestire la vita.

Se stai provando un fastidioso sintomo del panico e stai rice-vendo un forte (ma inaccurato) segnale di pericolo e inizi a urlare a te stesso, "Sei proprio un fallito. Cosa c'è che non va in te?", tutto questo:

a. Farà passare più rapidamente il tuo momento di panico?
b. Farà durare più a lungo il tuo momento di panico?
c. Non avrà alcun impatto sul tuo panico?

Se hai risposto B, hai ragione. Urlare a te stesso di essere più forte ti farà solo sentire ancora più angoscia, il che prolungherà il tuo panico. Quindi, è il momento di esercitarsi ad essere gentili con se stessi. Meriti gentilezza e compassione anche se provi del panico occasionale!

Altro da fare

Pensa ad uno slogan di auto-compassione che potresti dire a te stesso nel mezzo del panico. L'importante è che sia autentico. Se dici a te stesso, "Sei forte e coraggioso" ma non lo credi, non farà alcun bene. Ecco alcuni slogan che ho usato nel passato:

- Tutti quanti hanno difficoltà ogni tanto, e questa è la mia difficoltà.
- Magari non sarò perfetto, ma sono una brava persona.
- Avere il panico non mi rende rotto; mi rende solo un essere umano.

Ora, crea uno slogan di auto-compassione che potresti dire a te stesso nel mezzo del panico.

———————

———————

Per la prossima settimana, per ogni momento di panico che hai, compila la tabella qui sotto.

Data e ora	Descrizione del Momento di Panico	Slogan di Auto-Compassione utilizzato	Livello di Auto-Compassione (0-10)

22 STUFARSI DEL PANICO

Il cervello umano può stufarsi per qualsiasi cosa, anche per le sensazioni e i pensieri associati al panico. L'ingrediente chiave per stufarsi di qualcosa è la ripetizione. Quando riviviamo qualcosa molte volte, alla fine il nostro cervello perde interesse e cerca nuovi stimoli da esplorare.

La storia di Caterina

Caterina era entusiasta di frequentare finalmente la scuola guida, perché in questo modo era un passo più vicina dal diventare una guidatrice. Era sicura che guidare le sarebbe risultato facile, dato quanto disperatamente desiderava avere la possibilità di andare ovunque volesse quando volesse. Per le prime settimane la scuola guida è stata una passeggiata, e Caterina sentiva praticamente il sapore della libertà della strada aperta. Tutto è filato liscio finché il suo istruttore di guida non le ha presentato il parcheggio parallelo.

Non appena Caterina cercava di parcheggiare in parallelo si bloccava, non riusciva a pensare chiaramente e si sentiva sconfitta, tutto in un solo colpo. Stava iniziando a pensare che sarebbe dipesa dalla clemenza degli altri per avere dei passaggi per il resto della sua vita, finché non ha ricevuto una svolta. Il suo istruttore di guida le svelò una tecnica che l'avrebbe aiutata a parcheggiare in parallelo con facilità. Settimane dopo, non solo si sentiva sicura della sua capacità di parcheggiare in parallelo, ma anche annoiata dalla prospettiva di qualche altra pratica di parcheggio parallelo.

Da fare

Pensa a qualcosa che ti è risultata difficile o paurosa da fare in passato che adesso vedi come una sciocchezza (ad esempio andare in bicicletta o tuffarsi da un trampolino). Quanta paura sentivi le prime volte che ci avevi a che fare? Quanta paura senti adesso che hai eseguito il compito? Tieni a mente come inizialmente credevi fosse troppo difficile e che non sarebbe mai divenuto più semplice, ma adesso riesci a malapena a ricordare, perché all'inizio fosse così spaventoso. Adesso pensa alle cose spaventose che affronti nel presente.

Altro da fare

Rifletti su qualcosa verso cui hai avuto un forte sentimento positivo che però è diventata noiosa col tempo. Per esempio un videogioco che sembrava così bello all'inizio, ma dopo averci giocato ogni giorno per mesi è diventato noioso. Lo scopo di questa attività è di riconoscere che i sentimenti intensi, positivi o negativi che siano, cambiano nel tempo con la ripetizione.

Guarda su un giornale o sito di notizie e trova un articolo o un'immagine che ti provoca una risposta emotiva intensa. Annota il livello della tua reazione emotiva iniziale (su una scala da 0 a 10, dove 10 è il massimo). Trova un articolo o un'immagine che genera una reazione emotiva almeno di 5. In seguito, rileggi l'articolo o continua a guardare l'immagine abbastanza volte da far scendere la tua reazione emotiva vicino all'1. Quanto ci è voluto perché la tua mente passasse da una reazione intensa ad una quasi nulla?

23 MALESSERE VS. ANSIA

È importante tenere distinte le situazioni che generano malessere da quelle che invece provocano ansia. Potresti sbattere l'alluce e provare enorme fastidio, ma nessuna ansia. Possiamo sviluppare la stessa relazione con le sensazioni del panico.

Da sapere

C'è una differenza tra quanto una situazione può essere sgradevole e quanto invece può essere ansiogena. Per esempio, un'emicrania è davvero dolorosa e spiacevole, ma non necessariamente ne hai paura. Tuffarsi in una piscina gelata genera una sensazione spiacevole, ma l'acqua fredda non è spaventosa.

Pertanto, è importante distinguere quali cose sono spiacevoli e ti fanno sentire a disagio da quelle che sono davvero spaventose. Questo ti aiuterà a gestire le tue reazioni alle sensazioni di panico così da spezzare il ciclo della paura di sentire il panico, che non fa altro che portare altro panico. Ricorda, puoi aspettarti di sentirti a disagio in molte situazioni, ma questo disagio non deve stimolare l'ansia.

Da fare

Pensa a cinque situazioni in cui potresti provare del malessere, ma in cui il disagio non sarebbe associato all'ansia.

1: _________

____

2: _________

____

3: _________

4: _________

5: _________

Altro da fare

Durante la prossima settimana, usando la tabella qui sotto - tieni traccia di tutte le situazioni che possono arrecarti malessere, ma che *non* sono legate al panico (per esempio sbattere l'alluce, tagliarsi con la carta, una puntura di zanzara). Su una scala da 1 a 10, scrivi quanto malessere ti provocano le sensazioni che provi e quanta ansia generano.

Data e ora	Descrizione della sensazione	Livello di malessere (1-10)	Livello di Ansia (1-10)

Inoltre, nella prossima settimana, usando la tabella qui sotto, monitora tutte le sensazioni di panico che vivi.

Data e ora	Descrizione della sensazione di Panico	Livello di malessere (1-10)	Livello di Ansia (1-10)

Noti alcuna differenza nell'associazione tra le classificazioni del malessere e dell'ansia nella prima tabella rispetto alla seconda? Osservi una grossa differenza tra la tua classificazione del malessere e quella del panico per le sensazioni non associate al panico? Per contro, le tue classificazioni del malessere sono simili a quelle dell'ansia per la tabella delle sensazioni di panico? Più riusciamo a far distinguere al tuo cervello quanto è sgradevole una sensazione di panico da quanto è invece ansiogena, maggiore libertà dal panico acquisirai.

24 AIUTO DA BORDO CAMPO:
CHIAMARE TUTTI GLI ALLENATORI DA PANICO

Se non hai ancora chiesto aiuto ad un allenatore da panico, adesso è un buon momento per ottenere un po' di aiuto da bordo campo, mentre affronti il panico a testa alta.

Da sapere

Nei prossimi esercizi, inizieremo la pratica dell'*esposizione interocettiva*. Ciò consiste semplicemente nel provocare intenzionalmente le sensazioni di panico in modo da insegnare al cervello che esso è fastidioso ma non pericoloso. Il problema con l'esposizione interocettiva è che suona molto più spaventosa di quello che è realmente. Non voglio perderti in questo punto cruciale del tuo percorso per superare il panico.

La pratica di provocare intenzionalmente le sensazioni del panico è controintuitiva come mettere la mano su un fornello caldo. In entrambi i casi, ogni cellula del tuo corpo vuole tirarsi indietro ed evitare la minaccia. Ma un fornello caldo è davvero pericoloso, mentre il panico è semplicemente un fastidioso falso allarme. Nonostante tu ora forse capisca razionalmente che le sensazioni di panico sono spiacevoli ma non pericolose, potresti ancora aver bisogno di una fonte di supporto esterna che ti aiuti a completare le pratiche di esposizione interocettiva descritte nei prossimi esercizi. (Hai fatto una lista di queste persone nell'attività 17). Un buon allenatore da panico può essere chiunque nella tua vita di cui ti fidi e su cui puoi contare, perché ti aiuti ad andare avanti.

Da fare

Riesci a pensare a qualcosa che non avresti potuto portare a termine nella tua vita, se non avessi avuto qualcuno a bordo campo a tifare per te?

Come ti ha aiutato questo allenatore?

____

____

In che modo ti ha supportato?

____

____

Che cosa hai apprezzato maggiormente del vostro rapporto?

____

____

Altro da fare

Hai già contattato il tuo allenatore da panico?

Sì | No

Se non hai ancora contattato il tuo allenatore da panico, cosa ti ha impedito di farlo?

- Sei riuscito a identificare un allenatore da panico? Se non sei riuscito a identificare un allenatore da panico, c'è qualcuno nella tua vita di cui ti fidi abbastanza da poterti aiutare ad individuare qualcuno che potrebbe servirti come allenatore da panico? Non siamo mai così soli come crediamo. Ti garantisco che c'è qualcuno nella tua vita che può essere un allenatore da panico di supporto per te.
- Hai deciso cosa dire all'allenatore da panico per spiegargli che cosa stai vivendo e di cosa hai bisogno da lui o da lei? Suggerimento: Puoi sempre consegnare al tuo

allenatore questo eserciziario ed evidenziare le sezioni che trattano della tua esperienza e dei tuoi bisogni.

- Ti senti come se dovessi essere abbastanza forte da attraversare tutto questo per conto tuo? L'atto stesso di chiedere aiuto è il primo passo nel superare il panico. Facendo in questo modo, stai affermando di saper gestire la vulnerabilità e l'imperfezione, il che comporta superare il panico.
- C'è qualcos'altro che ti ostacola dal contattare il tuo allenatore da panico? Qualunque cosa sia, ti consiglio di affrontarla. Ti meriti supporto e incoraggiamento, e non dovresti affrontare questo percorso da solo.

Non appena avrai un allenatore da panico sul posto, ti suggerisco di fare come segue:

- Parla al tuo allenatore del tuo piano anti-panico.
- Rivedi con lui o lei tutti i tuoi compiti.
- Fai una lista di modi in cui lui o lei possono renderti responsabile dei compiti che hai stabilito per te stesso.
- Chiedigli/le se può o meno inviarti dei promemoria via messaggio.
- Chiedigli/le se può o meno unirsi a te quanto ti alleni.
- Chiedigli/le se puoi inviare un'email con un aggiornamento quotidiano con tutto quello su cui hai lavorato.
- Chiedigli/le se potete programmare un check-in settimanale.
- Chiedigli/le se potrebbe ricordarti il tuo mantra anti-panico qualora avessi bisogno di sentirlo.

25 QUAL È LA TUA RICETTA DEL PANICO?

La chiave per superare il panico è imparare a non temere più le sue sensazioni. Il modo in cui insegniamo al nostro cervello che non deve aver paura del panico e che il panico è spiacevole, ma non pericoloso avviene attraverso la pratica dell'esposizione interocettiva.

Da sapere

Esposizione interocettiva è un'espressione sofisticata per un concetto semplice che comporta l'esercitarsi a provare le sensazioni del panico più e più volte finché il cervello non finisce per stufarsi di queste sensazioni. Il primo passo nella conduzione dell'esposizione interocettiva è di capire quali sono le sensazioni del panico di cui hai paura. Se ti ricordi, nell'attività 3 abbiamo analizzato le sensazioni del panico e hai compilato una tabella simile a quella che troverai in questa sezione. Prenditi un po' di tempo e compila nuovamente questa tabella. Ci sono stati dei cambiamenti? Ci sono nuove sensazioni che ti provocano disagio o vecchie sensazioni che hanno smesso di infastidirti?

Sensazioni di Panico	Sì o No	Livello di Ansia associato alla sensazione (0-10)
Mente annebbiata, difficoltà a concentrarsi o capogiri		
Sentirsi strani o fuori posto		
Vista offuscata		
Difficoltà a respirare		

Senso di soffocamento			
Battito cardiaco accelerato o costrizione al petto			
Stomaco sottosopra			
Mani o piedi freddi e formicolanti			
Tremolio			
Sentirsi accaldati o aumento della sudorazione			
Altro:			

Quel che faremo adesso è tentare di ricreare quelle sensazioni, così da esercitarci ad averle. Sì, hai letto bene. Ti aiuterò a vivere le sensazioni del panico abbastanza volte da rendere stufo il tuo cervello prima che tu te ne accorga.

Nella seguente tabella sono elencati diversi esercizi che altri hanno trovato utili a rievocare delle sensazioni vicine al panico.

Sensazioni di Panico	Esercizi per provocare la sensazione (scegline uno per riga)	Valutazione dell'Ansia prevista (0-10)	Valutazione del malessere (0-10)	Valutazione dell'Ansia attuale (0-10)	Somiglianza con la valutazione del Panico (0-10)
Mente annebbiata, difficoltà a concentrarsi o capogiri	Iperventila per un minuto (respira forte e rapidamente, come un cane ansimante) ad un ritmo di circa quarantacinque respiri al minuto. Mettiti la testa fra le gambe per un minuto, quindi tirati su velocemente.				

Sentirsi strani e fuori posto	Fissa il cielo e pensa al sistema solare e quanto piccolissimo sei in realtà. Fissa il cielo e immaginati in piedi sulla Terra mentre ruota intorno al Sole. Rimani fermo in una stanza buia, bendato e con indosso delle cuffie a cancellazione del rumore per cinque minuti. Pensa tra te e te, "Chi sono io? Chi sono io?" più e più volte per cinque minuti.				
Vista offuscata	Fissa intensamente i tuoi occhi allo specchio per cinque minuti. Fissa un punto sul muro per un minuto. Gira velocemente in cerchio con gli occhi aperti e indossando degli occhiali da sole scuri per un minuto. Fissa una lampadina per un minuto e poi prova a leggere.				
Difficoltà a respirare	Tappati il naso e respira tramite una cannuccia sottile per un minuto.				
Senso di soffocamento	Indossa un dolcevita stretto. Trascorri un minuto in				

	uno spazio piccolo, come un armadio.				
Battito cardiaco accelerato o costrizione al petto	Bevi del caffè o un espresso o qualche altra bevanda a base di caffè. Corri su e giù per le scale per cinque minuti. Fai cinque minuti di esercizi cardiovascolari moderatamente intensi.				
Stomaco sottosopra	Pensa a qualcosa di irritante o scrivi dei pensieri fastidiosi per cinque minuti. Fai venti saltelli dopo aver mangiato.				
Mani o piedi freddi e formicolanti	Iperventila per un minuto (respira forte e rapidamente, come un cane ansimante) ad un ritmo di circa quarantacinque respiri al minuto.				
Tremolio	Tendi tutti i muscoli e mantieni la tensione per un minuto.				
Sentirsi accaldati o aumento della sudorazione	Indossa una giacca o avvolgiti in una coperta in una stanza calda. Corri su e giù per le scale per cinque minuti. Fai cinque minuti di				

	esercizi cardiovasco-lari moderatamente in-tensi.				
Avere le ver-tigini	Fai delle giravolte ve-loci per un minuto. Gira velocemente su una sedia per un mi-nuto.				
Altre sensa-zioni non elencate:	Come puoi provocare creativamente questa sensazione? (Suggeri-mento: Quali attività hai evitato per paura che causassero queste sensazioni?)				

Da fare

1. Non andare nel panico (anche se eventualmente an-drebbe bene, perché sei più forte del panico e puoi gestire tutto quello che il panico ti mette davanti)! Non devi fare tutti gli esercizi interocettivi in una volta. Questa attività è pensata per essere completata nel corso di vari giorni. Ti consiglio di spendere trenta minuti al giorno a lavorare su questo esercizio. Inoltre, dovresti ormai essere in contatto con il tuo allenatore, e questa è una fantastica occasione per chiedere un po' di aiuto da bordo campo.
2. Valuta l'ansia prevista per ogni esercizio. Quanta an-sia ti causa il pensiero di affrontare questo esercizio e di provocare intenzionalmente questa specifica sen-sazione?
3. Segui la descrizione dell'esercizio e cerca di provo-care intenzionalmente la sensazione di panico. Lo scopo è quello di svolgere tutti gli esercizi, anche sei hai previsto un livello di ansia di 0. Alcune volte pen-siamo che qualcosa non ci renderà ansiosi, ma invece impenna la nostra ansia. E altre volte pensiamo che

qualcosa ci farà impazzire, ma si rivela al contrario un gioco da ragazzi. Comincia con le sensazioni che hai valutato più in basso, e ogni giorno spostati su delle esposizioni più ansiogene.

4. Dopo aver seguito le istruzioni per provocare le sensazioni del panico, segna quanto hai trovato sgradevole la sensazione, così come quanto ti ha fatto sentire ansioso l'esercizio. Infine, registra quanto è stata simile questa sensazione all'esperienza del panico.

5. Ricorda, è normale sentirsi ansiosi all'idea di provocare intenzionalmente le sensazioni del panico. Tieni a mente la ragione per cui stai svolgendo questo esercizio: stai insegnando al tuo cervello che il panico non è altro che un fastidio. Non è pericoloso e non può farti del male. Una volta che il tuo cervello l'avrà appreso, smetterà di andare nel panico per il panico e si spezzerà una volta per tutte il suo ciclo. Il che significa meno panico nella tua vita!

Altro da fare

1. Cerchia le attività nella tabella che ti hanno causato un livello di ansia superiore a 0.

2. Adesso che hai visto la lista standard, cerchiamo di essere creativi. Quali sensazioni di cui hai paura non sono presenti nella lista? Quali altre situazioni hai recentemente evitato per paura che avrebbero scatenato delle sensazioni di panico? Individuare le situazioni che hai evitato ti aiuteranno a capire quali altre sensazioni ti impauriscono e il tipo di circostanze che potrebbero provocarle. Aggiungi quelle sensazioni alla lista. Nonostante il panico sia comune e molte persone provino paura per sensazioni e situazioni simili, al panico piace comunque mostrare la propria originalità. È importante andare a colpire tutte le parti del panico, anche se una sensazione non è stata elencata.

3. Crea la tua gerarchia del panico personale. Fai una nuova lista di sensazioni del panico, cominciando dalle meno ansiogene fino a quelle più ansiogene.

La mia gerarchia del panico

Eserci-zio	Sensazione di Panico associata	Valutazione
		1
		2
		3
		4
		5
		6
		7
		8
		9
		10

26 CHECK-IN DELLA RICOMPENSA

Non solo questo è il momento perfetto per ricevere un po' di cure amorevoli da un allenatore da panico, ma è anche un momento fantastico per ricompensarti per il tuo duro lavoro contro il panico.

Da sapere

Adesso comprendi di dover provocare le sensazioni del panico nel breve termine per vivere meno panico nel lungo termine. È motivante sapere che si beneficerà nel lungo termine per un malessere nel breve termine. Ma altrettanto motivanti sono le *ricompense*— roba che desideri. Le ricompense a breve termine addolciscono un po' l'accordo e fanno andare giù più facilmente le cucchiaiate di "medicina del panico".

Da fare

Quando vieni pagato per un lavoro, c'è una chiara struttura della ricompensa. Potresti essere pagato all'ora, al giorno o a progetto. Qualunque sia la struttura salariale, sai prima di aver cominciato l'incarico come verrai pagato. Quindi come ti pagherai per il tuo lavoro sul panico? Ti consigliamo di pagarti per ogni compito anti-panico che completi. Tutte le volte che ti impegni in un esercizio di trattamento del panico dovresti darti un punto.

Ripassa ogni attività di questo libro e datti un punto per tutte quelle che hai completato. Quanti punti hai raggiunto finora?

Altro da fare

Fai una lista di ricompense da sogno. Non permettere alla realtà pratica di intromettersi nella tua lista. Sogni di vedere suonare la tua band preferita, ma non hai i soldi per il biglietto? Mettilo nella lista. Ti piacerebbe fare un viaggio in auto attraverso il paese con il tuo migliore amico, ma senti che il panico non ti permetterà mai di realizzarlo? Metti anche questo. Sogna in grande!

Adesso decidi per ogni elemento quanti punti anti-panico ci vogliono per ottenerlo.

Ricompensa	Numero di punti

Poi parla con un membro della famiglia di cui ti fidi o a degli amici e vedi se possono sostenerti in questa missione. Forse sarebbero desiderosi di mettere dei soldi in un barattolo per aiutarti ad essere pagato per il tuo duro lavoro contro il panico.

Quindi, decidi come tenere traccia dei punti che guadagni. Per esempio, alcuni tracciano i loro punti su una tabella che affiggono sul frigorifero per informare la famiglia dei progressi che stanno facendo. Altri tracciano i loro punti su un taccuino o creano una nota sul cellulare. Non è importante come tracci i tuoi punti. Ciò che importa è che lo fai. Non pensare solo a ricompensarti per il tuo duro lavoro; premiati veramente!

27 È ORA DI RECARSI ALLA PALESTRA DEL PANICO

La pratica dell'esposizione interocettiva è simile al sollevamento pesi in palestra. Ogni volta che fai un esercizio di esposizione, diventi più forte e meno impaurito nei confronti delle sensazioni del panico.

Da sapere

Nell'attività 25, hai determinato quali sensazioni di panico ti infastidiscono di più e ti sei divertito con alcuni esercizi volti a ricreare quelle sensazioni. Ora, il tuo obiettivo è di esporti a queste sensazioni più e più volte fino a che il tuo cervello non si stanca di esse. Il livello di ansia che ogni sensazione ha suscitato, impatterà su quanto ci metterà il tuo cervello prima che si stufi.

Per quelle sensazioni che hai valutato a 1 o 2, il tuo cervello si è già abbastanza abituato ad esse e non le trova particolarmente meritevoli di attenzione. Invece, per le sensazioni che hai valutato a 5 o superiore, il tuo cervello è ancora piuttosto reattivo e le interpreta come dei pericoli. Il modo per far sì che il tuo cervello non impazzisca con queste sensazioni è allenarsi a provarle più volte al giorno, nel corso di una settimana, finché la valutazione dell'ansia per ciascuna sensazione non sia vicina allo 0.

Come discusso precedentemente, è importante tenere distinto il malessere dall'ansia. Quando pratico gli esercizi di esposizione interocettiva, anche io trovo sgradevoli molte delle sensazioni. Potremmo valutare il disagio associato all'iperventilazione come un 8, ma l'ansia relativa all'iperventilazione come uno 0.

Non è necessario continuare ad esercitarsi finché la valutazione del malessere non scenda fino allo 0, perché ciò non succederà mai per molte di queste sensazioni, e non è questo lo scopo di questa pratica. Devi solo esercitarti a vivere queste sensazioni finché la tua valutazione dell'ansia non raggiunge lo 0.

Da fare

Test a Sorpresa

Domanda: Perché ti torturi e ti eserciti a provare intenzionalmente le sensazioni del panico?

Possibilità di risposta:

    a. Sei un masochista e ti piace renderti infelice.
    b. Non lo farai - ti arrendi e potresti anche accettare che il resto della tua vita sia piena di ansia e sofferenza.
    c. Stai allenando il tuo cervello a stufarsi delle sensazioni associate al panico così che la smetta di farsi prendere dal panico per il panico.

Se hai risposto c, premiati con una stellina. Se hai risposto a o b, torna indietro e leggi di nuovo questa sezione!

Altro da fare

Nella tabella qui sotto, classifica gli esercizi che ti hanno causato ansia dal meno ansiogeno al più ansiogeno. Il tuo compito è di continuare a praticare ogni esercizio, finché non smette di suscitare ansia. Ti consiglio di praticare questi esercizi per quindici minuti al mattino e quindi minuti la sera e di continuare a lavorare ad ogni esercizio finché tutte le valutazioni dell'ansia non scendano fino a 0.

Nota che in media questo processo richiede meno di una settimana.

Registro di pratica dell'esposizione interocettiva

Data e ora	Esercizio interocettivo	Valutazione del malessere (0-10)	Valutazione dell'Ansia (0-10)
	94		

28 TENDERE VERSO IL PANICO

Il panico passerà più velocemente se ti apri completamente e senza difese alle sensazioni che emergono. Come quando immergi solo le dita dei piedi in una piscina fredda, ti abituerai molto più rapidamente all'acqua fredda se ti tuffi, inzuppi la testa e ti immergi completamente.

Giovanni e Aurora

I due bambini del Dr. R si stavano lamentando del loro mal di gola. Il Dr. R li portò dal pediatra per fare i test per lo streptococco. Non appena l'infermiera si avvicinò a suo figlio Giovanni, lui aprì tranquillamente la bocca e pochi secondi dopo il test per lo streptococco era terminato. Quando venne il turno di Aurora, a fare il test, lei corse fuori dalla sala visite e cercò di lasciare il palazzo degli uffici. Fu necessario trascinarla di nuovo dentro la sala visite e tenerla ferma così che l'infermiera potesse farle il test per lo streptococco. Non appena l'infermiera si avvicinò a Aurora, lei cercò di liberarsi, scalciando e urlando. Finalmente, quindici minuti dopo, il test per lo streptococco venne completato. Quindi, sia Giovanni che Aurora hanno vissuto la stessa procedura. Ma Giovanni ha sofferto molto mento di Aurora, perché ha affrontato con calma il disagio invece di combatterlo.

Da fare

- Riesci a pensare ad un momento in cui hai lottato contro qualcosa di cui avevi paura, anche se sapevi fosse inevitabile che alla fine ci avresti avuto a che fare?
- Riesci a pensare ad un momento in cui hai accettato e ti sei adattato a qualcosa di cui avevi paura, poiché

sapevi fosse inevitabile che alla fine ci avresti avuto a che fare?

- Quale situazione ti ha causato maggiore sofferenza?
- Quale situazione ti ha consumato più energie?

Altro da fare

Immagina di sentirti sommerso dalle sensazioni di panico. Il tuo compito è di posizionare il tuo corpo in modo da combattere meglio che puoi per *non* avere queste sensazioni Come si sente il tuo corpo? Dove senti tensione? Dove sono le tue spalle? Disegna un'immagine di te che combatti le sensazioni del panico.

Quando stai praticando gli esercizi di esposizione interocettiva - o se stai semplicemente vivendo delle sensazioni di panico improvvise - il tuo compito è di provare il più possibile ad aprirti completamente alle sensazioni invece di combatterle.

29 STAI INIZIANDO A SENTIRTI ANSIOSO? BENE!

Quando riesci a stimolarti il panico o quando il panico si manifesta da solo, è a dire il vero una *buona* cosa. Più intensamente ti permetti di provare il panico, più rapidamente lo supererai e sconfiggerai il disturbo da attacchi di panico.

Da sapere

Quando mi dicono, "Sto iniziando ad andare nel panico," rispondo, "Fantastico! Adesso possiamo metterci al lavoro". Il mio lavoro è di comprendere dove risiedono il panico e l'ansia, e quindi di fare tutto ciò che mi è possibile, per aiutare a far emergere i sentimenti e i pensieri associati ad essi, così che i miei clienti possano allenarsi a superarli invece di evitarli.

Dato che tu sei il tuo allenatore del panico (ma speriamo anche che tu abbia seguito il mio consiglio e abbia trovato una persona cara di cui ti fidi che ti supporti da bordo campo), il tuo compito è di sviluppare il fascino per l'esperienza del panico. Voglio che tu sia curioso e che possa approcciarti all'ansia come se fosse un esemplare che ti appassiona esaminare. Così facendo, stai attivamente ricalibrando il tuo cervello a non aver più paura delle sensazioni del panico e dell'ansia.

Da fare

Come puoi ricordare a te stesso che più panico riesci a stimolare, meglio è? Uno dei miei clienti, Daniele, avrebbe detto, "dolore a breve termine, guadagno a lungo termine" e si sarebbe ricordato che più ansia avrebbe generato e più si fosse allenato a superarla, più velocemente si sarebbe liberato dal panico.

Scrivi un promemoria che risuoni con te e inseriscilo nelle note del tuo cellulare, tienilo su un cartoncino o scrivitelo sulla scarpa. Non importa dove lo tieni, basta che sia sempre a portata di mano. Non c'è nulla di intuitivo nell'affermare che provare le sensazioni del panico sia una buona cosa, per questo avrai bisogno di un promemoria esterno che te lo ricordi.

La prossima volta che il panico riaffiora inaspettatamente, usa il tuo promemoria per dirti che anche quando emerge dal nulla, è comunque un'ottima opportunità per esercitarsi. Daniele ha usato questo promemoria quando ha cominciato a sentirsi ansioso. "Questo momento di panico è solo un'ulteriore opportunità di apprendimento per il mio cervello. Se posso dimostrargli che può gestire le sensazioni strane e bizzarre quando sono fuori in pubblico, imparerà a non impazzire più per esse."

Altro da fare

- Pensa ad un evento in cui ti sei sentito molto ansioso. Che cosa ti ricordi di quel giorno? Quanto chiaramente riesci a ricordarti dei piccoli dettagli di quel giorno?
- Adesso pensa ad un evento in cui non hai avuto una grande reazione emotiva. Forse stavi andando al lavoro, facendo colazione o lavandoti i denti prima di andare a letto. Quanto riesci a ricordare, riguardo a questo momento della tua vita? Quanto chiaramente riesci a ricordarti dei piccoli dettagli di questo evento?

Se vuoi insegnare al tuo cervello qualcosa di nuovo (in questo caso che il panico è spiacevole ma non pericoloso), è meglio provare una reazione emotiva più forte o una neutra?

Per insegnare al cervello a rispondere in maniera diversa alle sensazioni di panico, dobbiamo prima mettere le cose in moto! Se riesci a indurti a sentirti nel panico impegnandoti nell'esposizione interocettiva o se il panico si presenta improvvisamente, è tutto pronto, perché il cervello impari qualcosa di nuovo. Questa è l'opportunità per insegnare al tuo cervello che non deve temere il panico, poiché è sì spiacevole, ma non pericoloso.

30 REGOLA LA TUA RESPIRAZIONE, REGOLA IL TUO PANICO

Sei finalmente pronto a ricevere un'arma segreta per alleviare i sintomi del panico: la respirazione lenta. La respirazione lenta è uno strumento che fornisco solo a chi è pronto ad usarla saggiamente, quindi complimenti a te per essere arrivato così lontano nel tuo percorso!

Da sapere

Nelle prime sessioni del trattamento del panico, chiedo sempre cosa hanno cercato di fare fino a quel momento per gestire i sintomi del panico. Una delle risposte più comuni che ricevo è, "Ho provato a fare degli esercizi di rilassamento e a concentrami sul mio respiro, ma non ha funzionato." Infatti, molti mi dicono che cercare di rilassarsi li fa solo sentire più ansiosi. Chiamiamo questo fenomeno "ansia da rilassamento". Se un uomo armato si trovasse accanto a te a urlarti di stare calmo altrimenti ti sparerà, come ti farebbe sentire? Con quale probabilità riusciresti a rilassare il tuo corpo? Quando desideriamo disperatamente di rilassarci o calmarci, come se la nostra stessa vita dipendesse da questo, ovviamente finiamo con il sentirci più ansiosi. Ma se assumessimo un atteggiamento aperto e flessibile, dicendo a noi stessi, "Mi piacerebbe calmarmi, ma non *ho bisogno* di calmarmi", allora aumenterebbero le probabilità di riuscirci.

La tecnica più potente per calmare il proprio corpo è la respirazione lenta. La respirazione lenta è facile come sembra. Tutto quello che devi fare per allontanare il vento dalle vele di un attacco di panico incombente è svolgere cinque minuti di respirazione lenta. Impegnandoti in una respirazione lenta e profonda, manderai al cervello il segnale "via libera, non siamo in pericolo."

Quando calmi il tuo corpo, calmi anche il tuo cervello. Così come è contrario alle leggi di gravità che un'auto vada ai 100 chilometri orari pur restando ferma, è anche fisicamente impossibile avere un attacco di panico e allo stesso tempo svolgere la respirazione lenta.

Per affrontare la respirazione lenta, basta seguire questi cinque semplici step:

1. Inspira col naso per tre secondi.
2. Tieni il respiro per tre secondi.
3. Espira con la bocca per tre secondi.
4. Tieni il respiro per tre secondi.
5. Ripeti (l'ideale sarebbe per venticinque volte o per una durata di cinque minuti).

Da fare

Per rendere la respirazione lenta uno strumento immediatamente disponibile all'utilizzo per quando stai vivendo i sintomi del panico, è meglio, per prima cosa, esercitarsi con essa nelle situazioni prive di panico. Per la prossima settimana, pratica la respirazione lenta due volte al giorno, una al mattino e una alla sera per cinque minuti, e completa il registro qui sotto.

Di cosa hai bisogno:

- Un posto tranquillo. La buona notizia riguardo alla respirazione lenta è che puoi utilizzare questo strumento ovunque e in qualsiasi momento; ma quando ti eserciti, è meglio trovare un ambiente tranquillo dove puoi focalizzare la tua attenzione sul tuo respiro.
- Un timer. Imposta il timer sul tuo cellulare (o qualsiasi altro timer) a cinque minuti. Ciò che è più importante è che la mente non rimanga concentrata quando l'esercizio sarà terminato. È a questo che servono i timer.

Data e ora	Valutazione dell'Ansia prima della respirazione lenta	Valutazione dell'Ansia dopo la respirazione lenta	Note
Giorno 1 Mattina			
Giorno 1 Sera			
Giorno 2 Mattina			
Giorno 2 Sera			
Giorno 3 Mattina			
Giorno 3 Sera			
Giorno 4 Mattina			
Giorno 4 Sera			
Giorno 5 Mattina			
Giorno 5 Sera			
Giorno 6 Mattina			
Giorno 6 Sera			
Giorno 7 Mattina			
Giorno 7 Sera			

Altro da fare

Alcuni trovano difficile praticare la respirazione lenta, perché il loro cervello si sposta velocemente su altri argomenti, oppure, perché lo stesso atto di concentrarsi sulla respirazione li rende eccessivamente consapevoli di questa funzione corporea di base, al punto che il loro respiro diventa forzato e pesante. Se noti di stare accusando uno qualsiasi di questi problemi, potrebbe risultare utile un segnale visivo, come questi qui sotto, per mantenerti ancorato all'esercizio della respirazione lenta.

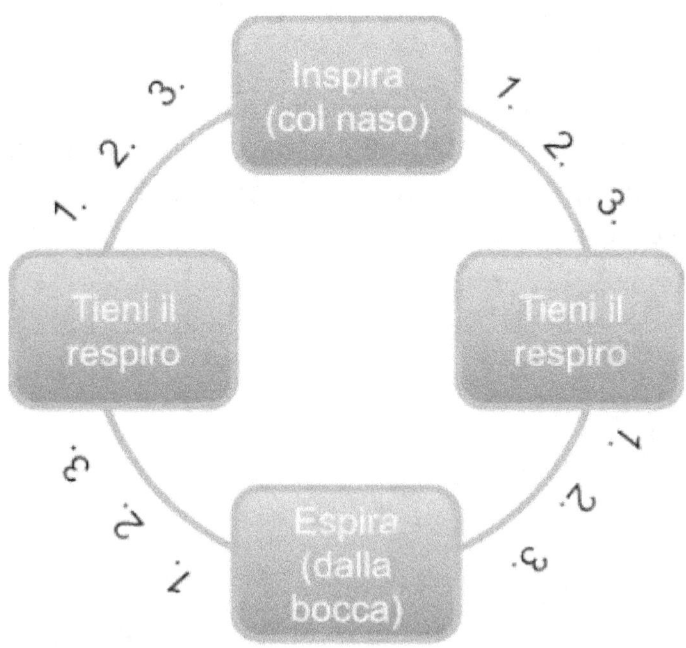

1. Imposta un timer a cinque minuti.
2. Mentre inspiri per tre secondi, appoggia il dito sul quadrato "inspira" del diagramma.
3. Mentre tieni il respiro per tre secondi, appoggia il dito sul quadrato "tieni il respiro" del diagramma.
4. Mentre espiri per tre secondi, appoggia il dito sul quadrato "espira" del diagramma.

5. Mentre tieni il respiro per tre secondi, appoggia il dito sul quadrato "tieni il respiro" del diagramma.
6. Ripeti finché non scatta il timer.

Ora è il momento di portare fuori questo strumento della respirazione lenta e di usarlo quando ti accorgi che i sintomi del panico stanno ribollendo. Prima allontani il vento dalle vele di un attacco di panico, meglio è. Quindi, la prossima volta che provi delle sensazioni o dei pensieri di panico, svolgi cinque minuti di respirazione lenta. Dopo questo time-out trovai il tuo corpo e la tua mente rilassati.

Per sapere cosa sta funzionando per te e cosa no, ti consiglio per la prossima settimana di compilare il registro qui sotto tutte le volte che vivi un momento di panico e ti impegni in cinque minuti di respirazione lenta.

Data e ora	Situazione (dove sono e cosa sto facendo?)	Livello dell'Ansia prima della respirazione lenta (0-10	Livello dell'Ansia dopo la respirazione lenta (0-10)

31 ESERCIZI CONTRO L'ANGOSCIA

Ci saranno dei momenti in cui l'angoscia del panico sembrerà troppo profonda per essere affrontata direttamente. In queste occasioni, ci sono vari strumenti di facile utilizzo per alleviare la tua angoscia emotiva.

Da sapere

A volte le cose sembrano solo troppo difficili, e l'obiettivo più immediato è quello di superare il momento. In queste circostanze, il modo più efficace per abbassare il volume della propria angoscia emotiva è di concentrarsi verso l'esterno. C'è un momento per la contemplazione e la riflessione, e c'è un momento per la distrazione. Quando ti ritrovi in uno stress emotivo estremo, molto probabilmente non è il momento migliore per sedersi e pensare a se stessi. Il trucco è imparare come *obbligare* se stessi a concentrarsi sull'*esterno* in momenti di stress emotivo insostenibile. Puoi concentrarti sul cielo, su una sedia, sul tuo cane oppure puoi focalizzarti su un pelucchio. Non importa su cosa ti concentri, purché non sia sui tuoi pensieri o sensazioni.

Da fare

Dopo aver rivisto le tante differenti opzioni qui sotto, selezionane alcune che pensi faranno al caso tuo e memorizza queste scelte. In questo modo, se ti ritrovi in una situazione in cui stai vivendo un grande stress emotivo, avrai già scelto alcune soluzioni di gestione dello stress da seguire. Ricorda che queste sono solo alcune idee, e che sei invitato a pensarne delle tue. Le possibilità sono infinite.

- Conta ogni oggetto che vedi o ogni piccola parte di un oggetto.

- Identifica i diversi colori che vedi attorno a te.
- Identifica i nomi degli oggetti (sedia, finestra e così via).
- Identifica le diverse forme che vedi attorno a te.
- Strappa un foglio di carta in piccoli pezzi.
- Gioca con un oggetto che si muove (come una pallina, un foglio di carta o una graffetta).
- Se ti piace qualcosa (guardare la TV, leggere, giocare ai videogiochi) e ne hai accesso, sfruttalo.
- Scarabocchia.
- Usa tutti i tuoi cinque sensi per descrivere cosa sta accadendo attorno a te. Cerca di descrivere con quanti più dettagli riesci così da entrare veramente nell'ambiente e uscire dalla tua testa. Per esempio potresti dire, "Vedo un divano blu con dei quadrati bianchi. Sento un ventilatore. Sento un forte profumo di miele".
- Per ogni oggetto che vedi, pensa a tutti i modi in cui potrebbe essere usato.

Queste idee anti-stress si concentrano su ciò che sta succedendo *adesso*, proprio in questo momento. Se la tua mente vaga nel passato (scatenando sentimenti di colpa, vergogna, rimorso o rabbia) o nel futuro (scatenando preoccupazione), prova a riportarla indietro rifocalizzandola di nuovo sul presente. Con queste idee il trucco è perdersi nel momento corrente il più possibile. Cerca di non giudicare se stai o meno facendo qualcosa di giusto. L'unico scopo è quello di essere così coinvolti nel qui ed ora, da essere in grado di gestire la propria angoscia e concedere al proprio cervello una pausa dall'ansia intensa. Quando in momenti di angoscia impieghi una strategia, sentiti libero di continuare ad impiegarla per un periodo più o meno lungo a seconda di come preferisci. Non c'è una giusta durata di utilizzo. La maggior parte delle persone tende ad utilizzarla, finché non si sentono un po' più calmi e in grado di gestire la loro prossima mossa.

Altro da fare

Pratica ognuna delle idee qui sopra. Ti potrebbero effettivamente interessare alcune idee che non pensavi ti sarebbero piaciute, così come potrebbero non piacertene alcune di cui eri con-
vinto. Va bene praticarle sia in un momento in cui ti senti ango-
sciato che in un momento in cui non lo sei.

32 COME VUOI CHE SIA LA TUA VITA?

Quando il panico emerge la prima volta, non ci vuole molto perché la vita diventi una lotta per non averlo. Ora che stai investendo meno energia nel combattere il panico, è il momento di esplorare cos'altro vuoi che sia la tua vita.

Da sapere

Una delle vie chiave per superare il panico è di svolgere una vita significativa. È difficile, ma importante lavorare per distogliere la propria mente dal rivedere i momenti di panico passati e dal valutare la possibilità di momenti di panico imminenti, e invece vivere pienamente nel momento. Per fare ciò, devi prima determinare a cosa dare valore e come vuoi che sia la tua vita. A differenza degli obiettivi, i valori non possono essere raggiunti. Servono semplicemente a guidare i tuoi comportamenti nella giusta direzione.

Da fare

Qui sotto ci sono vari aspetti della vita a cui le persone danno valore. Se uno di questi non è importante per te, allora saltalo. Allo stesso modo, se abbiamo lasciato fuori una categoria che per te è importante, sentiti libero di aggiungerla.

Cerchia tutti i valori importanti per te. Sei anche invitato a modificare tutti quelli che vuoi di quelli prestabiliti.

Amicizia

- Essere un buon amico
- Essere presente per gli altri quando ne hanno bisogno

- Impegnarmi nelle amicizie
- Permettere agli amici di aiutarmi quando ne ho bisogno
- Altro: __________

Rapporti familiari

- Essere una brava persona nei confronti della mia famiglia
- Aiutare la mia famiglia
- Essere un buon ascoltatore
- Sviluppare forti legami con essi
- Altro: __________

Relazione amorosa

- Essere altruisti
- Essere una buona dolce metà
- Esserci il più possibile per lui o lei
- Aumentare la sua felicità
- Altro: __________

Scuola

- Essere un buon studente
- Fare del mio meglio
- Essere disposto a provare cose difficili
- Essere socievole con gli altri (in classe, nei momenti di pausa)
- Altro: __________

Hobby

- Cercare di fare del mio meglio
- Accettare le sfide
- Essere disposto a sbagliare o a sembrare sciocco
- Ancorarsi alle cose anche quando sono difficili
- Altro: __________

Tempo libero

- Dare valore alle attività di svago
- Sapermi rilassare completamente senza dispositivi elettronici
- Essere disposto a fare tutto ciò che è necessario per liberare la mia mente (come scrivere i pensieri da affrontare in seguito)
- Altro: _________

Lavoro

- Lavorare sodo
- Essere puntuale
- Avere un atteggiamento positivo
- Altro: _________

Salute e forma fisica

- Allenarmi spesso
- Mangiare sano
- Mangiare moderatamente
- Altro: _________

Servizi di comunità e volontariato

- Aiutare gli altri quando vedo che ne hanno bisogno
- Donare quando possibile
- Tenere in considerazione il modo in cui le mie azioni incidono sugli altri
- Altro:_________

Rapporto con me stesso, autostima e amor proprio

- Essere gentile con me stesso
- Essere paziente con me stesso
- Credere in me stesso

- Altro: __________

Carattere, moralità ed etica

- Fare la cosa giusta
- Farmi valere per ciò in cui credo
- Sacrificarmi per qualcun altro
- Altro: __________

Auto-miglioramento, crescita personale e nuove esperienze

- Cercare di imparare sempre qualcosa di nuovo
- Essere sempre alla ricerca di nuove esperienze
- Accettare le sfide
- Altro: __________

Spiritualità

- Sentirmi in sintonia con un'ideologia organizzata
- Sentirmi in sintonia con la mia ideologia
- Coltivare continuamente l'ideologia
- Altro: __________

Altro da fare

Chiediti se un determinato comportamento ti avvicina o allontana dai tuoi valori e quindi, agisci di conseguenza senza che il panico ti fermi. Per i seguenti comportamenti, scrivi "sì" se credi che quel comportamento sia in linea con i valori che hai cerchiato poco sopra, e scrivi "no" se credi invece che non lo sia.

- Stare a casa invece di andare alla festa di compleanno del mio amico: __________
- Impedirmi di urlare a mio fratello, perché sono di cattivo umore: __________
- Andare ad un concerto con il mio ragazzo anche se ho paura: __________

- Fare di fretta il mio esame così posso evitare i corridoi affollati dopo il suono della campanella. _________
- Saltare l'allenamento di tennis, perché mi sento in imbarazzo per il mio servizio: _________
- Lavorare durante il fine settimana, perché mi sento a disagio a perdere tempo: _________
- Tenere le mie opinioni per me al lavoro, perché sudo mentre parlo: _________
- Lasciare la palestra quando vedo qualcuno con cui mi sento a disagio: _________
- Prendermi il tempo per separare la spazzatura per la raccolta differenziata anche se sono molto impegnato: _________
- Concentrarmi su quello che ho fatto bene invece che male nel mio compito di matematica: _________
- Ignorare una ragazza che ne bullizza un'altra, perché mi sento nervosa a farmi avanti: _________
- Andare a fare paracadutismo per la prima volta con un mio amico anche se è spaventoso: _________
- Saltare le funzioni delle festività religiose, perché le folle mi mettono a disagio: _________

33 ESPORSI PER VIVERE UNA VITA DI VALORE

Per riprenderti pienamente la tua vita, devi provare a fare ciò che apprezzi nonostante le sensazioni del panico emergano occasionalmente. Quando vivi pienamente, conduci una vita significativa nonostante i momenti di disagio.

Da sapere

Ora che ti è chiara la vita che vorresti vivere, come vorresti portare avanti questa visione? Il panico potrebbe andare e venire, ma i tuoi valori rimangono coerenti nel tempo. Per vivere una vita soddisfacente occorre rimanere in pista e continuare a muoversi in direzione dei propri valori, anche se il panico ogni tanto si unisce a te. La chiave per spostarsi dalla visione alla realizzazione è lo sviluppo di un solido piano di attacco.

Da fare

Cosa significa per te una vita di valore?

____

____

____

____

Come vuoi che sia la tua vita?

____

____

____

____

Quali attività ti arrecano un senso di vitalità e ti danno uno scopo?

____

____

____

____

Quali sono le attività che ti fanno sentire vuoto e irrequieto?

____

____

____

____

Se avessi una bacchetta magica e potessi far scomparire tutto il panico e l'ansia, quali attività intraprenderesti? Come riempiresti il tuo tempo?

____

____

____

Se potessi creare la vita dei tuoi sogni, cosa ti immagini di star facendo tra dieci anni? Quanti anni avresti? Dove staresti vivendo? Cosa staresti facendo? Con chi staresti trascorrendo il tempo? Che aspetto avresti in questa immagine?

____

____

____

____

In quali modi puoi premiarti per aver continuato ad andare avanti in direzione dei tuoi valori, anche quando il panico si presenta e cerca di deviarti dal percorso?

____

____

____

____

Altro da fare

Usando la tabella qui sotto, completa tutti i compiti e le attività, non importa quanto piccoli, che ti piacerebbe affrontare questa settimana e che ti possano spingere in direzione dei tuoi valori. Includi soltanto quelle attività che avresti difficoltà ad affrontare per via del panico.

Se durante la settimana sei stato in grado di svolgere i compiti e le attività che hai scritto, allora complimentati con te stesso e cerchiale. Se non riesci a fare qualcosa, prova a focalizzarti solo su quello che sei riuscito a fare.

A differenza dei valori, che non possono mai essere "raggiunti", questi obiettivi dovrebbero essere concreti e raggiungibili.

Ecco qui alcuni esempi di ciò che potresti includere. Rivedere dalla precedente attività i tuoi valori dovrebbe aiutarti a fornirti più idee.

Cura personale: Fare la doccia; mangiare pasti sani e nutrienti.

Salute e forma fisica: Recarsi all'appuntamento col medico, andare in palestra

Scuola: Arrivare puntuale la mattina, frequentare ogni lezione, partecipare alle lezioni, parlare con qualcuno in classe, farsi aiutare dall'insegnante in vista del prossimo esame.

Attività: Svolgere l'attività partecipandovi tutto il tempo

Famiglia: Parlare con un membro della propria famiglia, parlare gentilmente al proprio fratello

Amici: Chiamare un amico che non si vede da un po', andare ad una festa con un amico

Ambito della vita	Obiettivi di comportamento	Ansia prevista	Data di completamento	Ansia attuale
Cura personale				
Salute e forma fisica				
Scuola				
Preparazione alla Carriera				
Famiglia				

Amicizia				
Relazioni amorose		118		
Vita Spirituale				
Servizio alla Comunità e Attivismo				
Altro				

34 TRACCIA I TUOI PROGRESSI

Quando i sintomi del panico riaffiorano momentaneamente, è facile sentirsi scoraggiati, come se non fosse stato fatto alcun progresso e ti trovassi di nuovo al punto di partenza. In realtà, la danza del panico consiste in due passi avanti e uno indietro.

Da sapere

Come puoi immaginarc, la gestione del panico è un processo. Grazie al lavoro che hai fatto fino ad ora, sei adesso più coinvolto nella tua vita e il panico sta perdendo sempre più controllo sul tuo comportamento. Stai imparando ad essere il capo del tuo panico.

Tuttavia, potrebbe di nuovo insinuarsi in alcuni momenti e cercare di riprendere terreno nella tua vita. È una normale parte del processo. È importante ricordare che il tuo successo non è definito dalla presenza di pensieri o sensazioni di panico, quanto piuttosto dal modo in cui scegli di reagire ad essi. È anche possibile che mentre alcune situazioni diventino più semplici da affrontare, altre diventino al contrario più difficili. Questo succede per varie ragioni. Innanzitutto, mentre scali la tua gerarchia del panico, affronti le situazioni che ti hanno provocato sensazioni o pratiche di evasione più intense. Inoltre, il tuo panico sta iniziando ad andare nel panico per aver perso il suo posto privilegiato nella tua vita. Meno rispondi ad esso, meno importante diventa. Questo fatto è fantastico per te, ma terribile per il tuo panico. Si sente perso e confuso e farà qualsiasi cosa per insinuarsi di nuovo nel tuo cervello e nella tua vita! La cosa positiva è che adesso sei armato con la conoscenza e la prova che puoi affrontare situazioni difficili senza che risultino pericolose. Ora sai, che anche se ti senti ansioso, il disagio passerà presto se non scappi. Datti una pacca sulla spalla per tutti i progressi che hai fatto. E ricorda, progresso non significa essere liberi dal panico; significa sperimentare la libertà di vivere la propria vita, nonostante il panico alzi occasionalmente la testa.

Da fare

È un fantastico punto a favore nel tuo programma di gestione del panico, per valutare i tuoi progressi così come le situazioni e i sentimenti che ancora ti angosciano.

Ti ricordi quando hai aperto per la prima volta questo libro? Probabilmente ti sentivi spaventato, scettico e pieno di terrore. Bene, eccoti qua, trentaquattro esercizi dopo. Ce l'hai fatta! Andiamo a rivedere le valutazioni che hai fatto quando hai iniziato a usare questo eserciziario. Rispondi alle seguenti domande basandoti su quello che provi oggi.

Per le seguenti domande, dai una valutazione da 0 a 10 (0 equivale a per niente, 10 equivale al massimo).

__________ Nell'ultima settimana, quanto ti hanno fatto sentire a disagio le sensazioni del panico?

__________ Quanta angoscia provi riguardo ai sintomi del panico?

__________ Fino a che punto cerchi di evitare attività e altri aspetti della tua vita per prevenire il panico?

__________ Come valuteresti la tua soddisfazione complessiva della vita?

Ora che hai valutato qual è l'impatto del panico sulla tua situazione attuale, torna indietro e compara queste tue risposte con quelle che hai dato nell'attività 1. Sono differenti? Quanto sono diverse? Come sono cambiate le cose? Hai adesso una prospettiva diversa sul panico?

Facciamo un grafico

Traccia le tue valutazioni su disagio, angoscia, evasione e soddisfazione della vita nel grafico a riempimento qui sotto, per mettere a confronto le tue risposte nell'attività uno, con quelle nell'attività 34.

10
9
8
7
6
5
4
3
2
1
0
Disagio Attività 1
Disagio Attività 34
Angoscia Attività 1
Angoscia Attività 34
Evasione Attività 1
Evasione Attività 34
Soddisfazione della Vita Attività 1
Soddisfazione della VIta Attività 34

Altro da fare

Ora che hai valutato i cambiamenti complessivi dei tuoi sintomi del panico e la loro gestione sin dal giorno uno, completa questa rapida analisi in varie situazioni. Valuta il tuo disagio, l'angoscia, l'evasione e la soddisfazione della vita, quando sei nel bel mezzo di un attacco di panico, usando la tabella qui sotto come guida. Le tue valutazioni delle sensazioni di panico sono inferiori a quelle iniziali? In aggiunta, rispondi a queste domande anche quando ti senti veramente bene.

	Valutazione quando stai avendo un Attacco di Panico (0-10)	Valutazione quando ti senti bene (0-10)
Disagio		
Angoscia		
Evasione		
Soddisfazione della vita		

Nota come il modo in cui ti senti sul momento non rappresenti accuratamente la tua intera vita. Rappresenta soltanto un momento nel tempo.

35 GIOCARE A NASCONDINO CON IL PANICO

Ti evolvi di continuo come individuo, il che significa che anche il tuo panico potrebbe cambiare. Tuttavia, con la perseveranza e l'esposizione costante diventerai sempre più bravo a catturare il panico in anticipo e ad estinguerlo prima che porti scompiglio nella tua vita.

Da sapere

Nell'ultimo esercizio hai tracciato i tuoi progressi dal primo giorno fino ad ora. Hai riconosciuto i tuoi punti di forza e le tue capacità. Sei anche consapevole che al panico piace giocare e che rimarrà sempre in competizione per avere un posto nella tua vita.

Come hai imparato nel corso di questo libro, la tua miglior difesa contro il panico consiste nell'esposizione e nell'affrontare le tue paure a testa alta. In questa attività, il tuo compito è di determinare dove il panico si sta ancora nascondendo nella tua mente e nella tua vita. È importante rendersi conto di quanto lavoro hai ancora bisogno di fare così da reclamare ciò che è tuo di diritto! Ricorda, anche se potresti ancora avere del lavoro da fare, hai fatto moltissimi progressi. La presenza del panico in diversi aspetti della tua vita non è un segno di sconfitta. È semplicemente il segno che sei un essere umano.

Da fare

Hai mai giocato a Dov'è Wally? Bene, noi giocheremo a Dov'è il Panico? La tabella qui sotto mostra diversi ambiti della vita. Per ogni sezione, voglio che ti prendi un momento per pensare e annotare in che modo il panico si presenta e influenza quell'area.

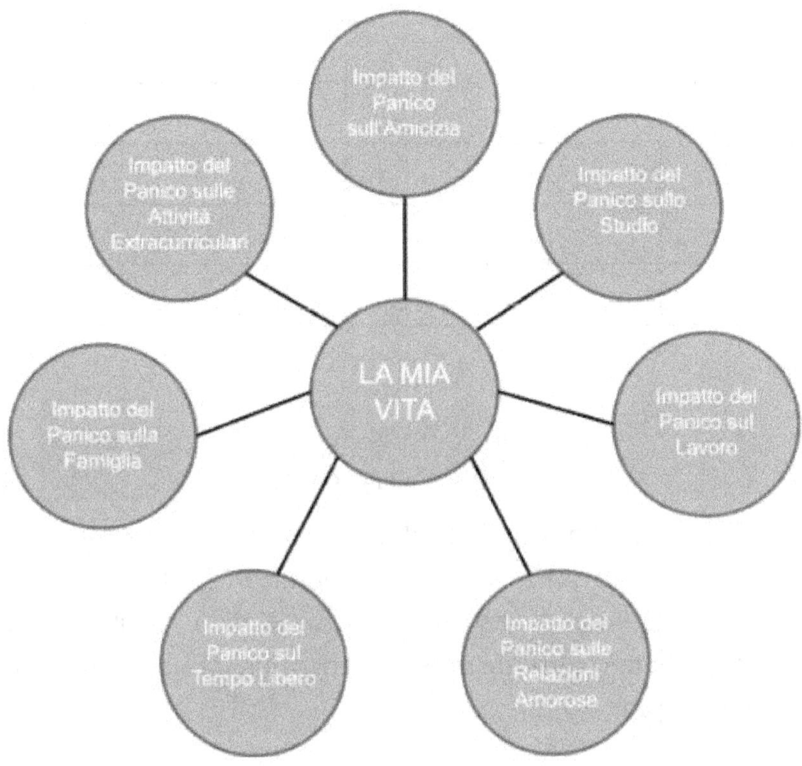

Nei prossimi giorni, scrivi qualsiasi sintomo del panico che ancora si manifesta e tutte le situazioni che ti ritrovi ad evitare. Valuta ogni sensazione o situazione in modo da definire quanto sembri intensa la sensazione del panico o la voglia di evadere. Di nuovo, questa attività non è stata pensata per essere scoraggiante. È normale che tu stia ancora provando disagio. Prendi nota di quante sensazioni in meno stai provando e quante situazioni in più stai conquistando. Considera anche se le valutazioni che assegni sono inferiori a quanto sarebbero state in passato.

Data e ora	Situazione	Sensazioni di Panico	Valutazione dell'Ansia (0-10)

Altro da fare

Ora che hai una lista di sensazioni e situazioni che ti stanno ancora provocando disagio, disegna un grafico a torta. Assegna una valutazione percentuale a quanto sei in controllo della tua vita e in quale percentuale invece è ancora il panico a comandare. Ecco un esempio:

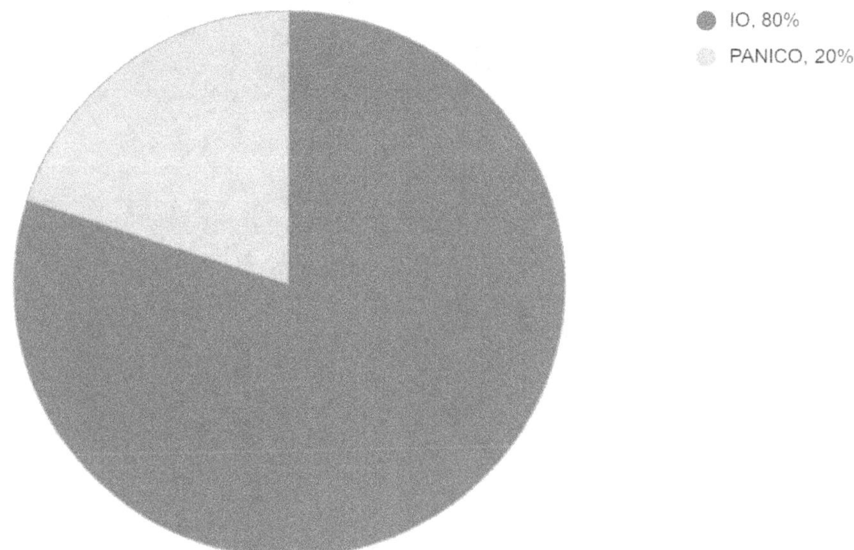

Una volta che hai valutato in che proporzioni il panico sta influenzando le diverse aree della tua vita, sarà più facile vedere quanta strada hai fatto e che puoi spingere oltre il panico rimasto che si sforza ostinatamente di aggrapparsi al terreno.

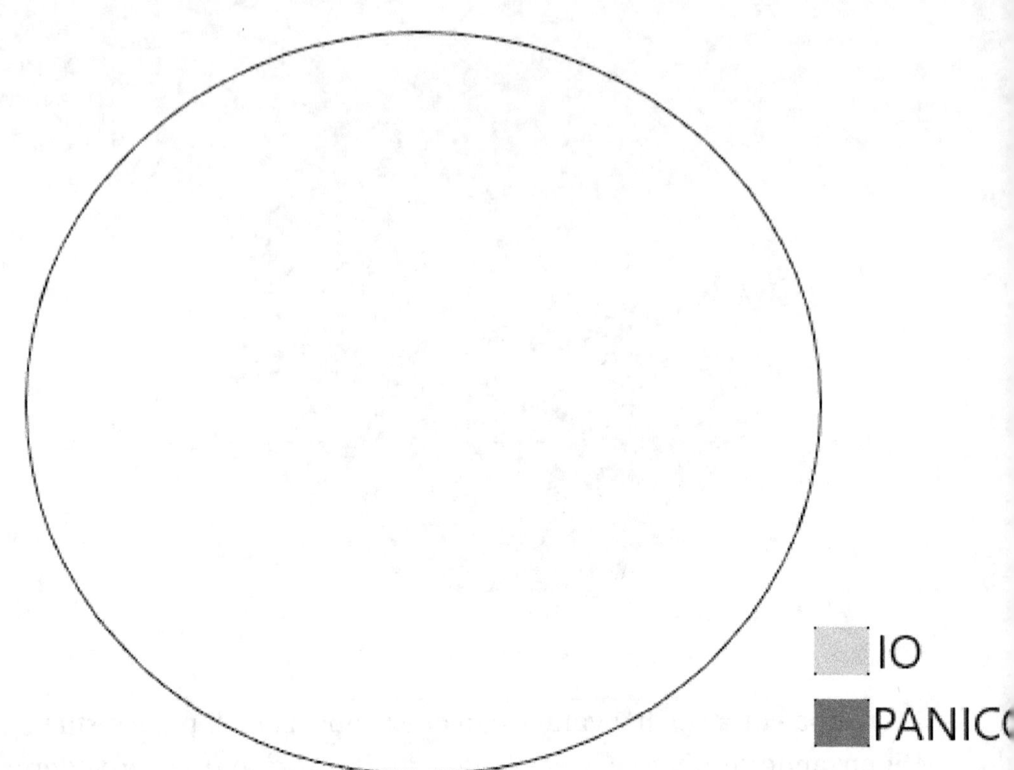

IO
PANICO

36 DEFINISCI GLI STEP RIMANENTI PER SUPERARE IL PANICO

Ora che sai quanto panico rimane e dove si nasconde, stiliamo un piano per affrontarlo! Sei vicinissimo dal riprendere il pieno controllo dal panico.

Da sapere

Ricorda quanto lontano sei arrivato e quanto all'inizio sembrasse arduo ogni progresso. Hai superato l'ostacolo e stai per superare gli ultimi residui del panico in modo esaltante. Per fare tutto questo, è importante essere sistematici e consistenti come in passato. Ora che ti senti meglio, potresti concederti di battere la fiacca. Ma anche se ti meriti davvero una pausa, prendertene una adesso darebbe al panico la possibilità di ritentare lentamente di invadere il tuo spazio un'altra volta.

Da fare

Osserva la tua lista dall'ultimo esercizio. Analizza la tua interpretazione delle sensazioni di panico (come hai fatto nell'attività 3). Sfrutta le prove che hai accumulato durante il completamento delle attività di questo libro, per sfidare le convinzioni che possiedi riguardo al pericolo o al significato di questi sintomi. Riguardando alle attività che hai evitato, cosa avresti potuto fare diversamente o avresti potuto dire a te stesso per spingerti ad affrontare queste attività nonostante ti sentissi a disagio? Il punto di questo esercizio non è di farti sentire sbagliato per non aver gestito perfettamente il panico. Il panico ha l'abitudine di aumentare di intensità proprio mentre stai per uscire dalla porta, e va bene se non sei sempre capace di respingerlo come si deve. Tuttavia, ora che la situazione è passata, puoi usare tutta la conoscenza e gli strumenti che hai appena acquisito per capire come reagire diversamente la prossima volta.

Situazione	Sensazione di Panico	Valutazione dell'Ansia (0-10)	Interpretazione catastrofica delle sensazioni	Interpretazione più realistica delle sensazioni	In quale altro modo avrei potuto gestire il mio Panico?

Altro da fare

Ora è il momento di mettere in azione tutte queste idee! Per ogni sensazione e situazione che hai scritto, pensa al modo per affrontarla nei prossimi giorni. Per le sensazioni, fai un programma di esposizione interocettiva. Esegui più volte le esposizioni a casa, finché non ti senti stufo del modo in cui ti senti. A seconda del numero di esposizioni rimaste, puoi suddividerle in più giorni così da rendere il processo meno scoraggiante.

Per quanto riguarda le situazioni, dai uno sguardo al tuo programma della settimana. Prova a capire come puoi riuscire a metterti nelle stesse situazioni o quasi. Programma ogni esercizio di esposizione in anticipo. Potresti anche inserirli nel calendario del tuo cellulare o computer e impostare degli avvisi per essere sicuro di seguirli.

37 QUANDO TUTTO IL RESTO FALLISCE, FAI IL CONTRARIO

A volte anche il piano meglio organizzato può fallire. Possiamo creare liste dopo liste e impostare vari promemoria per seguirle e comunque non fare ciò che sappiamo esserci utile. Ma niente paura! C'è sempre un modo per rimettersi in pista e dare un bel calcio al panico. Un modo sicuro per rimettere il panico al suo posto e dimostrargli che sei tu il capo della tua vita, è quello di fare sempre *il contrario* di ciò che ti chiede. Ti ricordi *il giorno dei contrari* di quando eri bambino? Se qualcuno dice che è sbagliato, vuol dire che è giusto. Qualcuno ti dice sì, allora intende no. Divertente, no? Bene, adesso devi giocare allo stesso modo con il tuo panico! Qualsiasi cosa ti dica di fare, fai automaticamente il contrario. Se ti dice di evitare qualcosa, allora vai, vai, vai! Se ti dice che non dovresti fare qualcosa, perché potrebbe far emergere delle sensazioni spaventose, fallo di proposito!

Da sapere

Mi rendo conto che potresti essere pronto a fare il contrario di ciò che questo libro ti consiglia e di chiuderlo immediatamente. Ma non farlo! È difficile fare il contrario di qualcosa soprattutto quando le sue conseguenze sembrano molto rischiose. Tuttavia, ricorda, hai imparato che solo perché il panico ti dice una cosa, non significa che sia vera. Hai svolto delle esposizioni interocettive e sei ancora qui a raccontarlo. Hai affrontato situazioni che sembravano impossibili e ne sei uscito fuori dall'altra parte! Hai fatto il contrario per tutto questo tempo senza neanche accorgertene. Ora devi solo fare lo sforzo consapevole di fare ogni giorno il contrario di ciò che il panico ti chiede, invece che soltanto in situazioni pianificate. Rendila un'abitudine!

Da fare

Immagina come sarebbe fare il contrario di ciò che i tuoi genitori, fratelli, insegnanti e allenatori ti dicono di fare. Immagina cosa si proverebbe a seguire le proprie convinzioni, anche quando gli altri cercano di zittirti. Come ti sentiresti se chiedessi a tuo fratello o sorella di prendere in prestito una maglietta e lui o lei dicesse di no, ma tu la indossassi comunque? E se una sera chiedessi ai tuoi genitori il permesso di uscire, loro dicessero no e tu uscissi lo stesso? Come ti sentiresti? Solo un piccolo avvertimento: non puoi fare queste cose ai tuoi genitori, fratelli, insegnanti e allenatori. In questo libro non promuovo la disobbedienza. Piuttosto, il fatto è che siamo umani, e sappiamo come ci si sente quando ci viene detto di no e quanto sarebbe bello fare comunque quello che vogliamo. La cosa positiva è che quando si tratta di panico, puoi essere irrispettoso quanto vuoi. È una delle poche situazioni nella vita in cui non solo va bene, ma è anzi fantastico non fare quello che ci viene detto. Tutte le volte che il panico ti dice di fare o non fare qualcosa, ricorda quanto sarebbe bello poter fare cosa vuoi *tu* quando lo vuoi *tu*.

Altro da fare

Esci fuori la tabella della competizione fra te e il tuo panico dall'attività 13. Ricordati di come guadagnavi un punto per ogni volta che non davi ascolto al panico. Adesso continuerai a guadagnare un punto quando ti ribelli spontaneamente ad esso. Organizza la tua competizione e tieni traccia dei punti che guadagni quando fai il contrario di quello che il panico ti richiede. Vediamo chi vince!

38 QUANDO IL GIOCO SI FA DURO, IL PANICO SI FA SENTIRE

Il panico non vede l'ora che abbassi la guardia e ti dimentichi di lui. È come un subdolo ladro che osserva il vicinato per vedere chi è via in vacanza così può arrampicarsi su per una finestra aperta e andare alla ricerca di gioielli e dispositivi elettronici.

Il seguito la storia di Enrico

Enrico era molto orgoglioso di se stesso. Aveva superato dieci settimane di terapia per il disturbo da attacchi di panico, e finalmente si sentiva come una volta. A malapena riusciva a ricordare quel ragazzo che evitava le feste e chiedeva passaggi ai suoi genitori per andare a scuola, perché troppo scosso per guidare. Aveva preso il panico a calci nel sedere grazie al duro lavoro e all'impegno messo in atto per riprendersi indietro la sua vita.

Quando iniziò la terapia per la prima volta, aveva paura di frequentare le sessioni, perché agli appuntamenti avrebbe dovuto parlare dei suoi pensieri e sensazioni riguardanti il panico. Ora, stava iniziando a temere la terapia, perché tutto questo parlare del panico era diventato noioso. C'erano molte altre cose che Enrico avrebbe preferito fare piuttosto che lavorare sul suo panico. Il suo terapeuta gli aveva suggerito di fare un controllo una volta al mese per tenerlo sotto controllo. Ma Enrico era determinato a superare questo capitolo della sua vita emotivamente estenuante. Per lui, questo significa non lavorare più sul panico.

Settimane e poi mesi passarono, e Enrico era tornato pienamente alla sua vita. Un giorno, mentre stava studiando gli ATTI, iniziò a sentire la vista un po' offuscata. Non aveva mai indossato degli occhiali, ma pensò che magari tutto quello studio stava iniziando a impattare sulla sua vista. Fece una visita oculistica e la sua vista era ancora 10/10. Si sentì sollevato per un po', ma non riusciva a scrollarsi di dosso il pensiero che la sua vista non fosse a posto e avesse qualcosa che non andava. Cominciò a saltare alcuni compiti che prevedevano molta lettura per paura che potessero causare quella strana sensazione. In seguito iniziò ad abbassare la testa tutte le volte che aveva "la sensazione". Presto sembrò che "la sensazione" si manifestasse sempre più spesso. Dopo che diversi medici esclusero qualsiasi causa medica per la spiacevole e strana sensazione, Enrico ebbe un lampo di genio. Era il panico che si mostrava sotto una nuova forma. Il suo primo giro di panico aveva previsto la costrizione del petto e le palpitazioni al cuore. E adesso veniva infastidito da strane sensazioni nella testa. Quindi le sensazioni erano differenti, ma le sue reazioni ad esse (la paura, l'evasione e il profondo senso di terrore) erano le stesse. Poteva anche essersi dimenticato del panico, ma il panico non aveva di certo ricambiato il favore e non si era dimenticato di lui.

Da fare

È abbastanza comprensibile il fatto di non voler più lavorare sul panico una volta che ci si sente meglio. La lista qui sotto evidenzia i commenti fatti dai miei clienti riguardo al continuare il lavoro sul panico non appena hanno iniziato a sentirsi praticamente "come una volta".

Spunta tutti i sentimenti a cui ti senti vicino.

    ☐ Ho sprecato fin troppo tempo dietro al panico e non voglio più dedicargli altra mia energia.
    ☐ Sono stufo di pensare al panico.
    ☐ Voglio essere come tutti gli altri e non dover lavorare su me stesso.
    ☐ Adesso sto meglio e voglio concentrarmi sulla mia vita, non sul panico
    ☐ Non mi rimane più nessuna energia per combattere il panico.

Come metteresti a parole quello che provi riguardo a continuare il "lavoro sul panico" ora che ti senti meglio?

____

Perché ti consiglio di continuare il lavoro sul panico (in piccolissimi modi), anche se stai iniziando a sentirti meglio?

a. perché sono cattivo.
b. perché voglio torturarti.
c. perché puoi impedire al panico di crescere ulteriormente e di prendere di nuovo il controllo della tua vita solo se ti spingi un po' fuori dalla tua comfort zone ogni giorno, in alcuni piccoli modi.

Altro da fare

Dato che è davvero troppo facile dimenticarsi di lavorare sul panico quando la vita inizia a migliorare, è utile scrivere una nota per te stesso per ricordarti perché è importante affrontare l'ansia invece di evitarla.

Ecco una semplice nota, che uno dei miei clienti aveva scritto per sé:

> Quando mi trovo tra le grinfie del panico, voglio solo scappare e nascondermi. Farei di tutto e rinuncerei a qualsiasi cosa per fermare l'angoscia. Il panico è arrivato lentamente e mi ha derubato alla svelta di tutte le cose che mi sono più importanti - la mia famiglia, i miei amici, le mie aspirazioni professionali. Mi rifiuto di lasciarglielo fare un'altra volta. Mi aprirò all'angoscia così da vivere la vita nella sua pienezza.

Adesso provaci anche tu. Non ci sono parole giuste. Ciò che importa è creare una nota che parli a te. Puoi anche disegnare un'immagine, fare un collage o comporre una poesia. Sii creativo e parla dal cuore.

39 UN'ESPOSIZIONE AL GIORNO TOGLIE IL PANICO DI TORNO

Il modo per prevenire il panico futuro è di instillarsi delle piccole dosi giornaliere di pensieri e sensazioni di panico. Come si prende la vitamina C per prevenire il raffreddore o si va in palestra ogni giorno per mantenere la forma fisica, le esposizioni giornaliere di panico terranno lontani gli episodi di panico grossi e complicati.

La storia di Ilaria

Ilaria stava iniziando a sentirsi molto meglio. Riusciva a malapena a ricordare com'era la vita dettata dalle infinite richieste di evasione e fuga che le richiedeva il panico. Ora che aveva ottenuto col sudore qualche sollievo, era tentata di prendersi una pausa dal suo lavoro contro il panico, ma poi pensò al recente disastro della sua dieta.

Ilaria aveva preso quindici chili durante il suo primo anno di college. Nessuno dei suoi vestiti preferiti le entrava, e non si sentiva più a suo agio con il suo corpo. Decise di darsi da fare per la sua salute. Si iscrisse ad un campo di allenamento intenso. Fece una dieta depurativa. Poi iniziò anche a mangiare senza glutine. Dieci settimane dopo era entusiasta di aver raggiunto il suo obiettivo di peso. Era esausta per tutta le diete e gli esercizi ed era felice che la vita fosse tornata alla normalità. Tutto è filato liscio, finché non è tornata sulla bilancia alcuni mesi dopo. Rimase scioccata alla vista di aver ripreso i quindici chili su cui aveva lavorato così duramente per perderli. Comprese allora che ciò di cui aveva bisogno era cambiare il suo stile di vita, e non un po' di salutismo una tantum. Avrebbe privilegiato il cibo salutare e l'esercizio nel lungo periodo, non soltanto come una strategia a breve termine per perdere qualche chilo.

Un piccolo colpetto al panico al giorno è sufficiente per dimostrare che ora sei al comando della tua vita. Se spendi circa cinque minuti al giorno in cui ti concedi di provare dei pensieri e delle sensazioni di panico, non dovresti avere problemi a tenerli lontani.

Da fare

Quali attività di cura personale svolgi giornalmente come parte della tua routine?

☐ Prendere vitamine
☐ Lavarsi i denti
☐ Lavarsi la faccia
☐ Farsi la doccia
☐ Mettersi il deodorante
☐ Radersi
☐ Vestirsi
☐ Mangiare
☐ Bere acqua
☐ Dormire
☐ Allenarsi
☐ Altro: _________

Riesci a fare spazio all'interno della tua lista della cura personale quotidiana per un po' di esercizio anti-panico?

☐ Sì
☐ No

Rivedi qui sotto la lista delle piccole esposizioni di panico che i miei clienti hanno trovato utili come forma di protezione da episodi di panico futuri. Spunta quelle che potrebbero innescare in te dei piccoli scoppi di panico:

☐ Qualsiasi cosa dalla check-list della Palestra del Panico nell'attività 27

☐ Bere una tazzina di espresso
☐ Tenere un discorso
☐ Dire qualcosa di imbarazzante
☐ Uscire con i capelli in disordine
☐ Discutere di un argomento di cui sai poco
☐ Fare una domanda di lavoro
☐ Chiedere l'aiuto di un insegnante
☐ Chiedere ad un nuovo amico di incontrarsi
☐ Chiedere a qualcuno di uscire
☐ Andare in treno
☐ Andare in aereo
☐ Andare sulle montagne russe

Poi inventa una lista di piccoli esercizi anti-panico che puoi svolgere quotidianamente. Questa lista non deve essere esaustiva. Cambierai col tempo, ed emergeranno nuovi problemi che ti faranno sentire ansioso. Basta che tieni questa lista a portata di mano, e quando nella tua vita ti imbatterai in qualcosa di nuovo che ti provoca angoscia e ti spinge fuori dalla tua comfort zone, aggiornala con questa nuova sfida della vita. Ogni giorno è un ottimo giorno per rimpicciolire il panico fino all'ombra delle sue precedenti dimensioni.

La Mia Lista degli Esercizi Anti-Panico

1. _________
2. _________
3. _________
4. _________
5. _________
6. _________
7. _________
8. _________
9. _________
10. _________

Altro da fare

Come qualsiasi altra forma di cura personale, come la dieta o l'allenamento, pur sapendo cosa ci fa bene, darsi da fare per queste cose può risultare essere un lavoro davvero duro e stancante.

1. Che cosa può probabilmente ostacolarti dal fare il tuo esercizio anti-panico quotidiano?

    ____

2. Chi ti può supportare con questa iniziativa? Puoi parlare di questo esercizio con il tuo allenatore?

    ____

3. Quale promemoria puoi piazzare nelle tue vicinanze per ricordare a te stesso di fare una piccola esposizione anti-panico ogni giorno?

    ____

4. Puoi pensare ad un mantra per ricordare a te stesso perché è importante continuare a impegnarsi in delle esposizioni anti-panico giornaliere?

    ____

5. Qual è per te l'orario perfetto per svolgere un'esposizione anti-panico giornaliera.

    ____

Ricorda, il tuo obiettivo è lavorare sui tuoi muscoli anti-panico giusto un poco ogni giorno.

40 CONSIGLI PER E DA COMPAGNI DI VIAGGIO

Il panico ha il suo modo di derubarti del tuo senso di connessione. Potrebbe dirti che sei il solo a lottare con strani pensieri e sgradevoli sensazioni. Potrebbe dirti che nessuno potrebbe capire quello che provi. Sfortunatamente, è proprio questo isolamento dalla tua vita e dai tuoi cari che permette al panico di rafforzare la sua stretta nei tuoi confronti. La verità è che non sei solo.

Da sapere

In molti centri di trattamento dell'ansia, si organizzano dei gruppi di sostegno per il disturbo da attacchi di panico. Le persone sono spesso restie a partecipare a questi incontri. Si sentono in imbarazzo a parlare del loro panico con altri. Temono di essere giudicati e disprezzati se si aprono riguardo al loro panico. Dopo un bel po' di incoraggiamento (e un pizzico di duro amore), di solito riescono a partecipare a gruppi di sostegno per il panico.

Succede qualcosa di veramente stupendo quando lottano contro il panico e l'ansia, frequentando un gruppo di sostegno. Si rendono subito conto di non essere soli. I partecipanti del gruppo hanno sempre reazioni simili. Riferiscono qualcosa del tipo, "Non posso credere che queste fantastiche persone che sembrano non avere nulla fuori posto e hanno un'aria così normale all'esterno, in realtà vivono le mie stesse sfide."

Quello di cui si rendono anche conto i partecipanti ai gruppi di sostegno per il panico, è che sono molto più abili a dare consigli e ad offrire suggerimenti contro il panico agli altri che non a loro stessi. Sono in grado di ricordare compassionevolmente agli altri membri del gruppo che non c'è nulla di sbagliato in loro, ma solo che il loro cervello ha un sistema di allarme iper-reattivo. Ma quando si tratta dei propri sintomi, ritornano velocemente a "Dovrei essere più forte", o "Deve esserci qualcosa che non va in me se sto avendo questi problemi." In altre parole, spesso è più facile offrire un supporto efficace agli altri che a noi stessi.

Da fare

Ho chiesto ad alcuni dei partecipanti ai gruppi di sostegno per il panico rivolti agli adolescenti, di offrire dei consigli ai nostri lettori. Con le loro sagge parole hanno superato le mie aspettative.

Il panico fa schifo ma non dura per sempre. Solo perché ora ti senti così male, non significa che ti sentirai in questo modo per sempre.

Lottando contro il panico ho imparato quanto sono forte. Adesso che ho ventun anni ho un senso di maturità e motivazione che non avrei mai avuto, se non avessi dovuto lavorare così duramente sulla gestione del panico.

Quando ho iniziato a lottare contro il panico, sembrava pericoloso parlare a qualcuno di come mi sentivo. Temevo avrebbero pensato che fossi pazzo e mi avrebbero rinchiuso, o come minimo che mi avrebbero guardato con un mix di confusione e pietà. Ma ora sono felice di aver trovato la forza di chiedere aiuto. Merito di avere una vita felice, invece di essere bloccato in una prigione del panico.

Quando i miei amici si fanno prendere da melodrammi e sciocchezze, sono in grado di rimanere concentrato su ciò che è importante per me. Ho imparato a non lasciare che niente mi impedisca di vivere la mia vita... né il panico, né la politica liceale.

Non sei uno schizzato solo perché lotti contro il panico.

Il panico può andare e venire, ma tu puoi gestire qualsiasi cosa ti lanci sulla tua strada. Sei più forte di quello che pensi.

Parla a qualcuno del tuo panico. Sentirai un enorme sollievo quando qualcuno annuirà e ti dirà che capisce quello che stai provando.

1: Quale consiglio daresti agli altri adolescenti che lottano contro il panico?

____

____

____

____

Altro da fare

Pensa al tuo primo attacco di panico Dove ti trovavi? Cosa stavi facendo? Fai in modo di immedesimarti davvero. Cosa stavi indossando? Eri in piedi o seduto? Non appena hai nella tua mente una solida immagine di te stesso alle prese con il tuo primo attacco di panico, immagina che il presente entri in questo scenario, con tutti i tuoi nuovi strumenti di gestione del panico.

- Cosa diresti a te stesso riguardo quello che sta per accadere?

- Quali consigli daresti a te stesso per gestire meglio quel momento?
- Riesci a provare compassione e a offrire supporto a questo te stesso spaventato e confuso?

La chiave per superare il panico, è guidarsi con compassione fuori dal momento di panico. Adesso hai tutti gli strumenti che servono per diventare tu il tuo allenatore da panico personale.

Quindi, sii gentile con te stesso. Te lo meriti!